責任と物語

Responsibility and Story

Toya Hiroshi

戸谷洋志

春秋社

はじめに

本書の主題は、「責任を引き受ける」ということが、どのようにして可能になるのかを明らかにすることである。

哲学の領域において責任は、基礎的であると同時に、極めて錯綜した議論のなかに置かれている概念である。多くの場合、それを「引き受ける」ということが何を意味しているのか、そしてそれがどのような条件で可能になるのか、ということは、不明瞭にしか語られていない。その構造を明らかにすることで、私たちが責任の主体であることの意味を解明することが、本書の目的である。

もっとも、責任という概念は多義的である。同じように責任という言葉が使われていても、その内容は文脈によってまったく異なったものになる。ここでは問題の所在を明確にするために、一つの文学作品を範例として取り上げてみたい。

それは、現代フランスの小説家アントワーヌ・ド・サン゠テグジュペリの代表作、『星の王子さま』である。

『星の王子さま』の物語は、砂漠で不時着した飛行士である主人公が、突如として目の前に現れた、星の王子さまと出会うところから始まる。王子さまは主人公に対して、自分が地球にやってきた経緯を語る。

彼は、もともと小さな星に住んでいた。ある日、そこに宇宙から植物の種が飛来した。その種は発芽し、やがて美しいバラの花を咲かせることになった。それまで、その星で独りぼっちだった王子さまは、バラと二人で暮らすことになった。彼にとってそのバラは、かけがえのない美しい花だった。彼は一時、そのバラがそこにいてくれることで、とても幸せな気持ちになることができた。

ところがそのバラは、とてつもなくわがままだった。素直ではなく、嫌味ばかり言った。いつも些細なことで王子さまを責めた。王子さまはそうしたバラと付き合うことにだんだんと嫌気が差してきた。そして、ある日、とうとう我慢の限界がきて、バラを置いてその星を去ることを決めてしまった。

その後、王子さまは様々な星を渡り歩いた後、地球にやってきた。彼はそこで衝撃的な光景を目の当たりにした。何千本のバラが生えている花畑を見てしまったのだ。小さな星では、たった一つしかないと思っていたバラが、そこには無数に存在していた。彼は、自分が小さな星で出会ったバラも、そうした無数のバラのなかの一つに過ぎなかったのではないか、と疑うようになった。

そんな折、彼は一匹のキツネに出会った。キツネは彼にこう助言した。この世界には同じようなものが無数に存在する。自分も、無数に存在するキツネの中の一匹に過ぎない。しかし、相手と仲良くなることができれば、その相手はかけがえのない存在になる、と。

王子さまは、その助言を胸に、再びバラの花畑を訪れた。彼は以前とは違った心境を抱いた。彼が小さな星で出会ったバラは、目の前に存在する無数のバラとは、違ったものだったことに、彼は気がついたのだ。彼は次のように言う。

> あんたたちは美しいけど、ただ咲いてるだけなんだね。あんたたちのためには、死ぬ気になんかなれないよ。そりゃ、ぼくのバラの花も、なんでもなく、そばを通ってゆく人が見たら、あんたたちとおんなじ花だと思うかもしれない。だけど、あの一輪の花が、ぼくには、あんたたちみんなよりも、たいせつなんだ。だって、ぼくが水をかけた花なんだからね。覆いガラスもかけてやったんだからね。ついたてで、風にあたらないようにしてやったんだからね[1]。

王子さまにとって、小さな星で出会ったバラは、それ以外のバラとは異なる、かけがえのないバラだった。しかしその理由は、小さな星で出会ったバラに、他のバラを凌駕するような美しさが備わっていたからではない。彼がそのバラと関わったからである。自分が世話をし、自分が守り、自分が保護したということ——それが、彼にとってそのバラがかけがえのない存在である理由なのだ。そのことに、彼は気づくことになった。

そうであるにもかかわらず、自分はその花を星に置き去りにしてきた。彼はその現実を自覚し、再びあの星へと帰らなければならない、と考えるようになった。

全体を顧みれば、『星の王子さま』は、バラを自分の星に置き去りにした王子さまが、自らのバラへの責任を自覚し、再び星へと帰還する物語である。その意味において、王子さまはバラへの責任を引き受けたことになる。

ここには、「責任を引き受ける」ということの、一つの範例が示されている。しかし、ここであえて次のような問題を提起してみたい。すなわち、なぜ王子さまは、小さな星へと帰還しなければならなかったのか、ということだ。

王子さまは小さな星でわがままなバラに意地悪をされていた。その星でバラと二人で過ごすことは、王子さまにとって、紛れもなく不愉快だったに違いない。それはバラの過失である、と考えることもできる。そうであるとしたら、王子さまは、自分がバラを置き去りにしてきた原因を、バラのせいにすることもできたはずだ。王子さまがバラを置き去りにしてきた責任は、バラにあるのであって、王子さまにはない。その場合には、王子さまがその責任を引き受け、危険を冒してまで小さな星へと帰還する必要などなかったはずだ。しかし、王子さまはそうした発想を取らなかった。

あるいは、次のように考えることもできる。もしも、王子さまにとって、バラを置き去りにすることが許されないことなのだとしたら、彼は最初から小さな星を立ち去らなければよかったのではないか。なぜ、地球に来た後で、彼は考えを一変させ、小さな星に帰ることを決意したのだろうか。

それはひとえに、地球で出会ったキツネからの助言によって、彼自身の認識が変わったからである。彼は次のように自分の行為を悔いている。

ぼくは、あの時、なんにもわからなかったんだよ。あの花のいうことなんか、とりあげずに、することで品定めしなけりゃあ、いけなかったんだ。ぼくは、あの花のおかげで、いいにおいにつつまれていた。明るい光の中にいた。だから、ぼくは、どんなことになっても、花から逃げたりしちゃいけなかったんだ。ずるそうなふるまいはしているけど、根は、やさしいんだということをくみとらなけりゃいけなかったんだ。花のすることったら、ほんとにとんちんかんなんだから。だけど、ぼくは、あんまり小さかったから、あの花を愛するってことが、わからなかったんだ。[2]

小さな星を立ち去ったとき、王子さまは、バラの言葉の背後に何が隠されているのかを考えることなく、ただ自分に意地悪をしているという行為だけによって、そのバラを捉えていた。その結果、もう一緒にはやっていけないと考えた。そのバラの「ずるそうなふるまい」の裏側にある「やさしい」一面に、彼は気づけなかった。彼はそのときバラを「愛するってこと」が分かっていなかった。しかし、地球にやってくることで、彼は様々な経験をして、愛が、ただ表面を眺めて相手を理解するのではなく、その奥底にある「根」を見つめることだと知った。だからこそ、自分の行為が過ちとして捉えるようになったのだ。

しかし、それでも同じ問題が残される。なぜ彼は、キツネの助言に基づいて、当初の自分が間違っていた、と考えるようになったのか。なぜ、彼はすべてをバラのせいにするのではなく、自分の過失を認めることができたのか。

そもそも王子さまは法律を犯しているわけではない。自分を置き去りにしたことについて、バラから非難を受けているわけでもない。したがって、彼が責任を引き受けることを強制するものは、何も存在しない。彼は、固く心を閉ざしてしまえば、キツネの言葉を無視し、すべてをバラのせいにして、自分から一切の責任を免除することもできたはずである。そうであるにもかかわらず、彼はそうしなかった。それはいったいなぜなのだろうか。


「責任を引き受ける」ことができるのは、「責任を引き受けない」こともまたできるときである。「責任を引き受けない」こともできるのに、あえてそうしないということが、「責任を引き受ける」ということだ。そして、責任を引き受けないということは、自分の責任を他者のせいにする、ということである。私たちが自分の責任を引き受けるとき、それは、考えようによってはそれを他者のせいにもできるときである。それでは、なぜ「私」は、他者のせいにすることができる責任を、あえて、自分で引き受けるのだろうか。

ここに本書の問題関心がある。もしも「私」に責任を引き受けることが可能であるとしたら、その態度を取るということは、いかなる条件に基づいているのか。本書はこの問題について、哲学の領野における様々な議論の蓄積を踏まえて、一つの解答を試みる。ただし、前述の通り、責任という概念はそもそも多義的であり、それをめぐる議論の射程も極めて広範囲に及ぶ。本書に論じることができるのは、その中の、ごく限られた領域である──しかしそれは、無視しても構わないような、些細な領域ではないに違いない。

議論を先取りすれば、本書において中心的な役割を果たす概念は、「物語」である。伝統的な責任の議論において、この概念が注目されることは、それほど多くなかった。しかし本書は、人間のアイデンティティと物語の関係を理解することなしに、責任を引き受けることの可能性の条件を明らかにすることはできない、と考えている。

星の王子さまは、なぜ、一本のバラのために、危険を冒して帰還したのだろうか。本書は、その理由を探る旅である。

1　サン＝テグジュペリ『星の王子さま』内藤濯訳、岩波文庫、二〇一五年、一三九－一四〇頁。
2　同書、六〇頁。

目次

責任と物語

第一章　伝統的責任概念の構造

「責任を引き受ける」ということは、いったいどのようにして可能になるのだろうか。それを明らかにすることが本書の主題である。この問題について考えるためには、それに先行して、そもそも責任がどのような概念であるのかを、あらかじめ確認しておく必要がある。このような観点から、哲学の伝統的な議論における責任の概念を検討することが、本章の主題である。

ただし、責任という概念はそもそも多義的である。たとえば、真理や正義といった、他の主要な概念と比較すれば、責任概念に対する精緻な議論の蓄積はそれほど厚くなく、また多くの場合に錯綜している。その背景には、「責任」という言葉そのものの取り扱いの難しさも関与している。「responsibility」〔英〕あるいは「Verantwortung」〔独〕といった言葉が、責任という意味合いで使われるようになるのは、近代以降である。したがって責任をめぐる議論は必然的に歴史が浅い。しかしその一方、この言葉によって意味される事象については、すでに古代ギリシャのアリストテレスが論じており、しかもそれは、責任概念をめぐる今日の議論においても当然のように参照される。

このような背景を踏まえた上で、議論が混乱に陥ることを避けるために、以下ではまず、伝統的責任概念を定義し、またそれを分類していく。それによって、本書が主題とする責任概念の意味を限定しておこう。

責任の分類

まず、本書が前提とする責任概念の定義は、次のように言い表すことができる。すなわち責任とは、ある人格の行為によってもたらされた帰結を、その人格が自らの行為によってもたらされた帰結として引き受けることを要求する、道徳的な義務である。それが具体的に何を意味しているのか、ということに先立って、それが何を意味していないのか、という消極的な側面から、この定義について検討していこう。

本書が主題とするのは道徳的な義務として理解された責任であり、言い換えるなら、道徳的な責任である。したがってそれは、法的な責任や、社会的な責任とは必ずしも同じではない。道徳的責任と、法的責任や社会的責任は、多くの場合に重なり合うが、重なり合わないこともある。たとえばある国家が、明らかに人権を侵害する行為を法律によって正当化しているとき、道徳に基づいてその行為をしないことは、法的な責任には違反するが、道徳的な責任には応えていることになる。人間は、自らの行為によってもたらされた帰結を引き受けなければならないが、その根拠は、そう法律に書かれているから、ということではなく、あくまでもそれが道徳的に要求されるから、ということである。

責任を引き受ける主体は、人格である。ここでの人格は、生物学的なヒトと完全に一致するものではない。後で詳しく議論することになるが、人格とはさしあたり、自らの意志で行為をすることができる主体、と理解できるだろう。同時に、ここで人格として想定されるのはあくまでも個人である。言い換えるなら、それは集団ではない。たとえば、ある共同体が犯した罪について、その共同体のメンバーが責任を要請される事態、いわゆる集団責任の概念は、本書の検討の範囲外にある。

責任は、人格がなす行為によって、ある帰結がもたらされることによって生じる。言い換えるなら、自分の行為がもたらしたのではない帰結によって生じる責任は、ここでは問題としない。このようなタイプの責任概念として挙げられるのは、戦争責任である。自分が生まれてくるよりも前に、自分が帰属する国家がなした戦争犯罪に関する責任を取るとき、人格は、自分の行為によってもたらされたのではない帰結について、責任を引き受けることになる。しかし、こうした責任概念もまた、本書の検討の範囲外にある。

同様の類型に属する責任の概念として、役割に関する責任がある。たとえば、ある組織で社員が不祥事を起こしたとき、実際にはその不祥事に関わっていない上司が、責任を取って処分を受ける場合、この上司は、上司という役割に基づいて責任を引き受けている。しかし、この上司は自分が不祥事を起こしたわけではない。したがって、こうした役割責任もまた、本書の主題には含まれない。

言うまでもないが、このことは、集団責任や戦争責任や役割責任が、責任概念として成立しないとか、些末な概念でしかないということを意味するわけではない。それらが私たちの社会生活にとって重大な意味を持つことは明らかである。しかし、それらを精緻に分析しようとすれば、膨大な量の議論を繰り広げなければならなくなる。本書にはそうした余裕がないため、これらの概念は扱わないことにする。

強い責任と弱い責任

本書が主題的に検討する責任概念について、何らかの実際的な判断を下すときに重要なのは、ある帰結が誰の行為によってもたらされたのか、ということである。この意味において、この責任概念は、責任の主体を重視するものである。

それに対して、責任の対象を重視する責任概念を考えることもできる。そこでは、誰が責任を引き受けるのか、ではなく、誰に対して責任が引き受けられるのか、ということが問題になる。この場合には、責任の主体が誰であるのかは、本質的に問題ではない。

責任の対象が重視されるケースとして挙げられるのは、子どもを保護する責任である。たとえば、街で子どもが泣き叫んでいるとき、その子どもを保護する責任は、その場に居合わせたすべての大人にある。その状況において重要なのは、その子どもが保護されなければならない、ということであり、その保護を引き受けるのが誰であるか、ということは、本質的に問題ではない。そうであるからこそ、このような状況において、大人は相互に連携して、責任を果たすことができる。

筆者は以前、このように対象を重視する責任概念を、「弱い責任」と呼んだことがある。[1] このような責任概念は、責任の主体が一人では責任を引き受けることができない「弱い」存在であることを前提とし、複数の主体が連帯し、助け合いながら責任を果たすことが想定されている。弱い責任と対置されるのは、一般に、自己責任論と呼ばれる責任概念である。それは、新自由主義と結びつきながら、社会福祉の削減を正当化し、弱者に対するケアの可能性を狭めていく。

自己責任論は、責任の主体を中心とした責任概念であり、誰の責任であるかを重視する。筆者はそうした責任概念を、たった一人で責任を取りうる「強い」存在として人間を捉えているという意味で、「強い責任」と呼んだ。責任がただ強い責任としてだけ理解されることは妥当ではなく、それは弱い責任によって補完されなければならない。それが筆者の基本的な主張だった。

本書の主題であるところの、「責任を引き受ける」ということは、ある意味では「強い責任」と親和的なテーマである。実際、自己責任論においてはそうした言葉が美辞麗句として語られたり、他者に要求されたりすることがある。

しかし本書は、責任を引き受けることが、必ずしも「強い責任」と結びつくとは考えていない。「強い責任」において、責任の主体は、他者との関係から切断された孤立した存在として理解される。しかし、責任を引き受けることが、そうした他者との断絶を条件とするとは、限らない。むしろ、本書の内容を先取りすれば、事態は反対である。私たちが自らの責任を引き受けることができるためには、他者との密接な関わりが不可欠である。この意味において、「強い責任」は責任を引き受けることの条件を解明しようとする本書にとって、適切な概念的モデルではない。

ここではさしあたり、次のように述べるに留めておこう。本書が主題とするのは、責任の主体の構造であるが、しかしそれは、「強い責任」を擁護したり正当化したりすることを意味するわけではない。

責任への応答としての自己理解

責任は、自分の行為によってもたらされた帰結を、そうしたものとして引き受けることへの義務である。その意味において、責任への応答は、一種の自己理解を前提とする。その限りにおいて、単に賠償や制裁を科されることが、それ自体で責任への応答ではない。

たとえば、「私」が他者を殴り、その他者が怪我を負ったとする。このとき、殴るという「私」の行為によって、「私」は、他者が怪我を負うという帰結をもたらした。このとき「私」が、自分の責任に応えていると言えるのは、「私」がこの帰結を自分の行為によってもたらされた、何らかの償いに値するものとして理解しているときである。そうした理解に基づいたとき、はじめて、実際の償いが責任を果たすための行為として実現する。言い換えるなら、もしもそうした自己理解が伴わないなら、たとえ賠償や制裁が科されるのだとしても、それが責任に応えることにはならない。

たとえば、「私」が催眠術をかけられ、誰かに操作されるがままになり、他者を殴らされたとしよう。催眠術が解けた「私」には、その間、自分が何をしていたのかを思い出すことができない。周囲から「あなたが相手を殴って怪我させたのだ」と指摘されるが、証拠らしいものは存在しない。このような状況において「私」は、自分が他者を殴って怪我させたということに関して、同意することができないだろう。しかし、そうであるにもかかわらず、「私」に責任を取らせようとする周囲の人々が、「私」に対して何らかの制裁を科したとしよう。このとき「私」は、ある出来事を自分の行為によってもたらされた帰結として引き受けられないにもかかわらず、制裁されたことになる。

このように制裁を科されたからといって、「私」は、自分の責任を引き受けたとは言えない。なぜなら「私」には、他者が怪我をしたという帰結を、自分の行為によってもたらされたものとして、理解することができないからだ。制裁は、そうした理解を前提にして初めて有効に機能するのであって、その理解を可能にするものでは決してない。この意味において、自らの行為に関する自己理解は、実際的な償いに対して、実践に先行するのである。

本書において、「責任を引き受ける」という言葉が指し示しているのは、さしあたり、こうした自己理解のプロセスである。したがって、責任を引き受けることは、責任を果たすことと同義ではない。人間には、責任を引き受けながら、その責任を果たさないこともできる。その場合には、その人は無責任だと言って非難されるだろう。しかし、もしも責任が引き受けられないのだとしたら、責任を果たすことは最初から不可能である。言い換えるなら、本人にとって引き受けられないような責任を果たさせようとすることは、そもそも理不尽である、と言える。

どのようなときに、「私」が自分の責任を引き受けられなくなるのか、ということを、一意に定義することはできない。たとえば右の事例では、「私」は催眠術をかけられているが、もしかしたら、催眠術をかけられる状況そのものは、拒まなかったのかもしれない。もしかしたら、もしも催眠術をかけられたら、相手の意のままに操られるということを知りながら、それでも催眠術をかけられたままにしたのかもしれない。そうであるとしたら、催眠術をかけられた結果、「私」が他者を殴って怪我をさせたことも、自分でしたことだと、「私」は理解することができるかもしれない。この場合には、同じ事例であったとしても、「私」は自分の責任を引き受けることができるだろう。

責任と功績の関係

責任を引き受ける、ということが前提としているのは、「私」が自分の行為によってもたらされた帰結を、自分の行為によってもたらされた帰結として、理解できるということである。このことは、賠償や制裁を科されるべき消極的な事態に関してだけではなく、称賛されるべき積極的な事態に関しても当てはまる。たとえば近代ドイツの哲学者イマヌエル・カントは、責任概念の内実を次のように分節化している。

あるひとが義務に適って、法則によって強制されうるより以上のことを行うならば、それは功績的（meritum）である。あるひとが法則の要求するまさにそのとおりだけを行うならば、それは責務（debitum）である。最後に、ある人が法則に要求されるより以下のことを行うならば、それは道徳的罪悪（demeritum）である。[2]

カントは責任の下位概念として「功績」と「責務」と「罪悪」を挙げている。その違いをもたらしているのは、それによって行為が評価されるところの道徳法則に他ならない。道徳法則とは、殺人の禁止や虚言の禁止といった、普遍的な道徳的規範である。

カントによれば、ある行為が、道徳法則によって「強制されうるより以上のこと」として評価されるなら、その行為は功績になる。それに対して、それが道徳法則にただ従うだけのことであるとしたら、その行為は責務として説明される。そして、もしもその行為が道徳法則に違反するものであるとしたら、その行為は「罪悪」として理解される。

したがって、責任を引き受けることが可能である、ということは、同時に、自分自身に功績を認めることが可能である、ということでもある。責任と功績は常に表裏の関係にある。次章において述べるように、責任の概念を根本的に否定する立場もあるが、そうした立場は同時に、功績の概念もまた否定しなければならなくなる。つまり、「私」が自らの行為によって何かを成し遂げても、それは「私」によって成し遂げられたものとして理解されなくなってしまう、ということだ。このような発想は、おそらく、私たちのアイデンティティの形成を困難にするだろう。

また、こうした自己への評価は規範に立脚している。行為を意味づけ、責任の評価に客観的な妥当性を与える基準は、責任の審級（Instanz）と呼ばれる。カントがここで考えているのは、すべての人間が等しく従うべきであるような、普遍的な道徳的規範である。しかし、それだけが唯一の審級というわけではない。国家のなかで定められた実定法や、共同体のなかで継承されてきた慣習もまた、審級として機能しうる。ただし本書は、法的責任や社会的責任を主題とするものではないから、そうした審級による制約は決定的なものではないだろう。

自己理解の前提としての自発性

責任の主体は、なぜ、ある出来事を、自分の行為によってもたらされたと理解するのだろうか。この問いに対する伝統的な説明は、次のようなものである。すなわちそれは、その出来事の原因が「私」の行為以外にはありえないからだ。それは言い換えるなら、「私」の行為の原因が、「私」以外の何ものにも存在しないということである。

哲学の歴史において、こうした発想を初めて体系的に理論化したのは、アリストテレスである。彼は『ニコマコス倫理学』において、人間の行為を自発的なものと、意に反したものに区別する。意に反したものは、さらに二つに区別される。一つは強制されたものであり、もう一つは無知に基づくものである。彼はそのうち、自発的な行為だけが、道徳的な評価の対象になると考えた。

そもそも自発的な行為とは何だろうか。アリストテレスによれば、それは、「行為を成り立たせる個別の事柄を知っているその人自身の内に行為の始まりがあるもの」[3]である。ここでは行為の自発性の条件として二つの点が挙げられている。第一に、その行為の「始まり」がその行為をした人自身にあるということ、言い換えるなら、その人以外には行為の原因が存在しない、ということだ。そして第二に、その行為をする人が、その行為が何を引き起こすことになるのかを知っている、ということである。この二つはそれぞれ、強制と無知に対立する概念である。

強制とは、ある人がある行為を引き起こしたとき、その行為の原因がその人以外にある、ということである。たとえば、ある人が海で波にさらわれたとき、その人が波にさらわれた原因は、その人ではなく、波にある。したがってこの人は、自発的にではなく、自分の意に反して波にさらわれたのであって、そこにはその人自身の徳も悪徳も表現されていない。したがって、波にさらわれたことを道徳的評価の対象にすることはできない。

また、無知とは、ある人がある行為を引き起こしたとき、その行為が何をもたらすかを知らないという状況である。たとえば、毒を薬だと偽られて手渡され、その毒を病人に飲ませて死なせてしまった人は、無知であるがゆえに行為したことになる。したがってそれは自発的な行為ではなく、その病人を死なせてしまったことは、その人の道徳的評価の対象にはならない。

強制されたことではなく、無知ゆえになされたわけでもない行為は、自発的な行為であって、そこには徳と悪徳が表現される。したがってそうした行為は道徳的評価の対象になるのである。アリストテレスは次のように述べる。

立法者たちは、行為者に責任〔aitia〕がない強制ゆえの行為や無知ゆえの行為でないかぎり、劣悪なことを為す人々を懲戒して罰し、美しいことを為す人々に名誉を与えるのである。そしてこれは、美しいことを為す人々を奨励し、劣悪なことを為す人々を抑制するためである。[4]

ただし、自発的な行為と意に反する行為は、それほど単純に区別されるわけではない。そこには、一見すると意に反して行為したかのように見えて、実は責任を問われるべき行為も存在するからだ。

たとえば、船で航海しているときに嵐に遭い、難破しそうになったので、積み荷を捨てるという英断をした人がいるとしよう。この人は、嵐に遭うという点では外部からの強制に服している。しかし、その状況のなかで、積み荷を捨てるか否かは、本人が選択したことであり、そこには自発性を認めることができる。実際、そのような英断をして乗組員を守ることができる人間は称賛されるのであり、積み荷を惜しがって船を難破させ、乗組員を死なせてしまう人間は非難されるだろう。

また、自分がたまたま見つけた薬を、よく調べもせずに病人に飲ませ、その用法が誤っていたがゆえに病人を死なせた人がいるとしよう。この人は、自分が病人に飲ませた薬の用法を知らなかったという点では、無知である。しかしこの人は、調べようと思えば薬の用法を知ることができたかもしれないのに、あえてそうしなかった。そうした怠慢の原因は、明らかにその人自身にある。その場合には、その人が責任を追及されることは、当然のことのように思える。

このように責任をめぐる判断は、ある行為が自発的だと見なされるか否か、あるいはどのようなときに行為が自発的だと見なされるのか、ということによって、大きく左右されることになる。

自由意志の系譜

アリストテレス以降、古代から中世にかけて、キリスト教をめぐる神学的な議論において、自発性と責任をめぐる思索は精緻化していった。

そもそもキリスト教は、意志の働きを強調する宗教である。神は、自らの意志によって世界を創造したのであり、その世界においても、意志によって奇跡を起こすことができる。一方で、人間の意志のあり方は、ある矛盾を抱えている。聖書において、神は全知全能の存在であり、人間は神に隷属している。同時に人間は、罪を犯す存在であり、また改心することによって救済されもする。罪や改心は、人間が部分的にであっても自由な存在でなければ、そもそも成立しない概念である。しかし、そうした人間の自由は、神の絶対的な意志と矛盾するのではないだろうか。なぜ人間は、神の意志に反して、罪を犯すことができるのだろうか。

この問題に対して革新的な回答を示したとされるのが、アウグスティヌスである。彼は、神の似姿である人間は、「自由意志（liberum arbitrium）」を持つと考えた。しかし人間は、意志を必ずしも神へと向かわせることができず、それ以外の不完全なものへと向かわせてしまう。そのとき意志は悪へと至る。悪を意志することが人間の罪に他ならない。そうした事態を自覚し、悪を悔い改め、改心して救済されるためには、神の恩寵が必要である。このように考えることで、彼は神の意志と人間の意志を整合的に説明することを試みたのだ。

キリスト教神学におけるこうした自由意志と罪の関係が、近代以降、責任をめぐる哲学的な議論へと発展していく。その先鞭をつけたのは、ルネ・デカルトである。彼は『省察』のなかで次のように述べている。

> 意志の本質は（第一に）、われわれが、あることを、なすこともなさないこともできる〔いいかえれば、肯定することも否定することも、追求することも忌避することもできる〕というところにのみ存するからである。あるいはむしろ（第二に）、悟性によってわれわれに提示されるものを肯定あるいは否定する際、すなわち追求あるいは忌避する際に、われわれが、なんら外的な力によって決定されてはいないと感じてそうする、というところにのみ存するからである。

デカルトによれば、自由意志とは、なんらかの「外的な力」に決定されることなく、「私」が「あることを、なすこともなさないこともできる」状態で、何かを選択することである。

ここで重要なのは、何かを選択すること自体ではなく、その選択が実現されるための条件である。私たちが、自由意志を発揮した、と言えるためには、「私」がある行為を選択する前に、それをしないことをも選択できたのでなければならない。つまり、「私」がその行為を選択する前には、その行為がなされるかどうかは決まっておらず、選択肢が開かれている状態で、「私」が何ものにも強制されずに、その行為を選択したのでなければならない。

たとえば「私」が他者を殴るとする。この行為が「私」の自由意志に基づいたものであるためには、デカルトの概念に従うなら、それは次のような経過を辿って実現されるのでなければならない。すなわち、「私」が他者を殴ろうと意志する前に、「私」は他者を殴ることも殴らないこともできる状態にある。そこには、「私」が他者を殴ることを強制するような、いかなる外的要因も存在しない。この状態において、「私」が「他者を殴ろう」と意志することで、「私」は自らの腕を振り上げ、他者を殴る。このとき「私」は自らの自由意志に基づいて、他者を殴ったということになる。

デカルトによれば、「われわれが理由ある賞賛や非難をうけうるのは、この自由意志に依存する行為についてのみである」[6]。こうした彼の発想は、現代の倫理学では「他行為可能性（alternative possibility）」と呼ばれる概念として理解されるものだ。しかし同時に彼は、「この自由意志がわれわれに与える権利を臆病のゆえに失うことさえなければ、自由意志はわれわれをわれわれ自身の支配者たらしめるのであり、そのことによって、自由意志は、われわれを、ある意味で神に似たものにする」[7]とも主張している。ここには、西洋における自由意志概念が辿ってきた、キリスト教神学の思想史的背景が反響しているのである。

「私」がある出来事を自分の行為によってもたらされたものとして理解できるのは、その行為が「私」の自由意志によってもたらされたものであるからだ――それが伝統的責任概念の基本的な発想である。このことは同時に、自由意志こそが責任概念が成立するための条件であり、もしもそれが不可能であったら、責任概念もまた根底から成立しなくなる、ということを意味する。

帰結の重視

責任概念の大きな特徴は、それが行為によってもたらされた帰結に対して要求される、ということである。言い換えるなら、もしも行為と連関する仕方では何の帰結も生じていないなら、責任が問われることもない。しかし、他の道徳的な概念においては、何の帰結も生じていなくとも、ある行為に対する規範的な評価を下すことは可能である。

たとえば、殺人が正義に反すると評価されるとき、殺人が実際に起きているか否かは問題ではない。私たちは、実際には起きていない問題について、その道徳的な是非を検討することができる。しかし、実際に起きていない殺人について、誰かに責任を問うことはできない。このように、責任をめぐる議論においては、どのような帰結が生じるかということが、決定的な重要性を帯びる。

このような観点から、マックス・ウェーバーは現実の政治で求められる規範的な指針を「責任倫理（Verantwortungsethik）」と呼び、従来の倫理学において中心的だった「信条倫理（Gesinnungsethik）」から区別した。[8] 信条倫理とは、ある道徳的な規範に絶対的に服従することを重視し、その結果として何が起きるのかを軽視する考え方である。それに対して責任倫理とは、あくまでも結果として何が起こるのかを重視し、望ましい帰結をもたらすための手段に対しては、柔軟な行為を許す考え方である。信条倫理は、宗教者の倫理であり、それに対して責任倫理は、政治家の倫理であるとも言われる。

たとえば戦争を事例にしてみよう。殺人の禁止が信条倫理として支持されているある国家が、他国から宣戦布告され、国際法に違反する仕方で侵略されたとする。そしてその侵略の過程で、他国は自国の国民を虐殺したとする。このとき、信条倫理を守り続けていれば、虐殺に抵抗できず、その規範に違反して戦闘した場合よりも、多くの犠牲者を生み出すことになるかもしれない。ウェーバーの考えでは、こうした対応は無責任である。

それに対して、責任倫理に従うなら、侵略国に対してあくまでも抵抗するべきだろう。その過程で、戦闘によって侵略国の軍人を殺すことになり、信条倫理を破ることになるかもしれない。しかし、手段の如何よりも、それによってもたらされる帰結の方が重要なのであるから、そうした対応は責任ある行為として正当化されるのである。

もちろん、信条倫理と責任倫理を二者択一的に捉えなければならない理由はない。むしろウェーバーは、あくまでも両者は互いを補完しなければならない、と考えていた。

右の事例からは、帰結の重視に関する別の特徴も見えてくる。他国に侵略されながら、必要な抵抗をしない政治家は、それによって自国民の犠牲を増大させることになるから、無責任であると判断される。このときこの政治家は、自らが何も行為しない、ことによって、ある望ましくない帰結をもたらし、その責任を要求されるのである。したがって、責任はある行為によってもたらされた帰結に対して要求されるが、しかしその帰結は、積極的に行為することによってではなく、何かを行為しないことによって、すなわち不作為によってもたらされるものでもありえる。

責任概念を考える上で無視することができないもう一つの側面は、行為と帰結の間にある時間的な関係である。私たちはこれを責任の時間性として理解することができる。そして、そうした時間性には、大きく分ければ二つの方向性がある。一つは、過去へと向かう責任であり、もう一つは、未来へと向かう責任である。

過去へと向かう責任は、ある責任の主体が、自らの行為によってもたらされた過去の帰結に対して、責任を負うことである。このとき、帰結はすでに事実として生じ、その行為によってもたらされた影響の連鎖は終結している。たとえば、「私」が自らの意志に基づいて自発的に他者を殴った、という事例において、「私」は過去へと向かう責任を負わされる。こうした過去へと向かう責任は、一般に、出来事を加害と被害の関係として説明する。

それに対して、未来へと向かう責任は、ある責任の主体が、自らの行為によってもたらされるだろう未来の帰結に対して、責任を負うことである。このとき、帰結はまだ事実としては生じておらず、その行為によってもたらされる影響の連鎖は開かれている。たとえば、親である「私」が子どもの未来のために教育を受けさせる、という事例において、

「私」は未来へ向かう責任を負わされる。なぜなら、もしも「私」が子どもに教育を受けさせず、子どもが将来において誰かに騙されたり、搾取されたりして、不幸な人生を歩むことになってしまったら、その原因の一端は「私」の育て方にあるのであり、したがって「私」がその責任を負わなければならないからだ。こうした未来へと向かう責任は、一般に、責任の対象が主体に対して依存している、という関係において生じる。特に福祉の領域では、未来へと向かう責任が強く要請されることになる。

過去へ向かう責任と、未来へ向かう責任の大きな違いは、次の点にある。すなわち、過去へ向かう責任においては、誰にどの程度の責任が負わされるのか、ということを、少なくとも権利の上では確定することができる。それに対して、未来へ向かう責任においては、そのような仕方で責任を確定させることが原理的にできない。なぜなら、現在の主体の行為によって、未来にどのような帰結が生じるのかは、厳密には予測不可能であるからだ。

未来へ向かう責任の予測不可能性は、単にどのような帰結が生じるか、ということに対してだけ生じるのではなく、その帰結がどのように評価されるのか、ということにも関わる。現在の価値観では許されている出来事が、未来の価値観では許されなくなってしまうかもしれないからだ。そのため未来へ向かう責任を引き受けた主体は、自らの行為によってもたらされる帰結がどのように評価されるのかを、現在の常識を離れて思慮しなければならない。ここに、未来へ向かう責任が抱える一つの困難さがある。

一方で、過去へ向かう責任と、未来へ向かう責任が、相互に重なり合うこともある。たとえば、親である「私」が、週末に子どもと遊ぶ約束をしていたが、その前日にお酒を飲みすぎてしまい、二日酔いになって子どもと遊べなくなってしまったとする。このとき、「私」は子どもとの約束を反故にした、という過去へと向かう責任を要求される。しかし同時に、そうした「私」が子どもの前でどのようにその責任を取るのか、ということは、その子どもの未来にとっても大きな影響を与えるだろう。もしも「私」が、言い訳をしたり、かえって子どもを責めるようなことをしたら、その子どもは他者を信頼しない大人になってしまうかもしれない。しかし、そこで「私」が子どもに対して誠実に謝罪し、新たな約束を交わし、そしてその約束をきちんと果たすなら、仮にその子どもの他者への信頼がいくらかは損なわれるにしても、その失望を相対的に抑制することができるだろう。したがってそれは、過去へと向かう責任であると同時に、未来へと向かう責任でもある。

まとめ

以上において、本章では伝統的責任概念の構造について分析してきた。改めてその要点をまとめておこう。

本書が主題とするのは道徳的責任である。その責任は、人格の行為によってもたらされた帰結を、その人格が自らの行為によってもたらされた帰結として引き受けることを要求する、道徳的な義務として理解される。そうした責任の主体は人格であり、自分の行為の帰結に関する理解が、責任を引き受けることに他ならない。そうした自己理解は、責任と同時に功績を可能にするものでもあり、両者は表裏の関係にある。人格が責任を引き受けることができるのは、その人格の行為が自発性に基づいているものであり、言い換えるなら、自由意志に基づいたものであるからだ。責任は、そうした行為によってもたらされた帰結を重視するが、それは過去だけに向かうのではなく、予測不可能性を伴いながら、未来へと開かれたものでもありえる。

以上のような責任概念を、本書では伝統的責任概念として理解する。そしてこの考え方は、おおむね、現代における責任に関する一般的な認識とも合致しているだろう。一方で、この概念の基盤となっているのは、人間が自由意志に基づいて行為できる、という前提である。この前提が崩れてしまうと、伝統的責任概念は全体として成り立たなくなる。

責任をめぐる議論は、まさにこの点、すなわち自由意志が成立するのか否か、という点について、大きな論争を繰り広げてきた。以下では、伝統的責任概念が直面するもっとも厄介な問題として、決定論を取り上げよう。

1　戸谷洋志『生きることは頼ること——自己責任論から「弱い責任」へ』講談社現代新書、二〇二四年。

2　イマヌエル・カント『カント全集〈一一〉人倫の形而上学』坂部恵・樽井正義訳、岩波書店、二〇〇二年、四四頁。

3　アリストテレス『ニコマコス倫理学（上）』渡辺邦夫・立花幸司訳、光文社古典新訳文庫、二〇一九年、一六八‐一六九頁。

4　同書、一九二頁。

5　デカルト『省察／情念論』井上庄七・森啓・野田又夫訳、中公クラシックス、二〇〇二年、八五頁。

6　同書、二六四‐二六五頁。

7　同書、二六五頁。
8　マックス・ヴェーバー『職業としての政治』脇圭平訳、岩波文庫、二〇二〇年。

第二章　決定論

　前章では伝統的な責任概念の構造を分析した。それによって、自由意志に基づく人格の行為が、責任の成立条件であることを明らかにした。一方で、こうした自由意志が、そもそも成立しないと考える立場もある。その代表格が、決定論だ。

　簡潔に述べるなら、決定論とは、私たちの行為は自由意志に基づくのではなく、物理的な原因によって決定されている、と考える立場である。このように理解される決定論は因果的決定論と呼ばれる[1]。

　責任を考えるにあたって、こうした決定論の問題を素通りすることはできない。そのため本章では、人間の自由意志と決定論をめぐる議論を概観し、それが伝統的責任概念にどのような影響を及ぼすのかを検討していこう。

機械論的自然観

前章において、私たちはデカルトによる自由意志の定義を確認した。改めて確認すれば、それは、なんらかの「外的な力」に決定されることなく、「私」が「あることを、なすことをなさないこともできる」状態で、選択することである。たとえば「私」が、自由意志に基づいて他者を殴るとき、「私」は、他者を殴ることを選択する。そして、そうした選択が可能なのは、「私」に他者を殴らないことも選択できるときである。言い換えるなら、「私」が殴ることを選択するまでは、決して、「私」が殴ることは決まっていない。そのように考えることができなければ、そもそも、自由意志は成立しない。

これに対して決定論は、この宇宙において、あらゆる出来事は物理的な原因によってすべて決定されている、と考える。あらゆる自然現象は、数理的に定式化される自然法則に基づいて、それに先行する原因によって必然的に帰結する。こうした決定論において前提とされる自然観は、機械論的自然観とも呼ばれる。つまり自然は、まるで時計に内蔵された機構のように、互いに連関しながら、あらかじめ決められた仕組みに基づいて作動するものとして、捉えられているのだ。

機械論的自然観は、私たちが自由意志によって説明しようとする自然現象を、物理的な原因によって説明する。たとえば、「私」が他者を殴るとする。機械論的自然観に従うなら、「私」が他者を殴るということも、実は物理的な原因によって決定されていた、ということになる。つまり、「私」がその他者の前に立つと、その視覚情報が脳へと伝達され、大脳において神経発火が起こり、その他者が誰であるのかが特定され、またその他者に関する記憶が呼び起こされる。そしてその帰結として、その他者を殴るべきであるという信号が脳内で発され、殴るために必要な運動をするために、全身に対して指令が送られる。それによって、その指令に基づいて、全身が運動し、「私」は相手を殴ったということになる。

こうした説明において、自由意志はまったく必要ない。「私」は、他者と出会ってしまった瞬間から、まるでビリヤードの球が衝突を繰り返すように、様々な必然的なプロセスを経て、他者を殴るという帰結へと行き着く。それ以外の帰結へと至る可能性は最初から存在しない。決定論において、「私」の行為には他行為可能性が認められず、したがって、「私」はその他者を自由意志に基づいて殴ったわけではなかった、「私」はその他者を殴ることを選んだわけではなかった、ということになる。そうである以上、「私」に他者を殴ったことの責任を求めることはできない。このような仕方で、決定論は責任を無効化するのだ。

驚くべきことに、こうした自然観を確立させた哲学者の一人もまた、デカルトだった。彼は、一七世紀の科学革命を背景としながら、科学的な真理の探究を基礎づけるための世界観として、機械論的自然観を提示した。ここで、当然のように次のような疑問が生じることだろう。デカルトは人間の自由意志を基礎づけてもいた。しかし、機械論的自然観をとるなら、むしろ自由意志は否定される。なぜ、同じ一人の哲学者が、同時に矛盾した主張をしているのだろうか。

まず確認しておくべきことは、デカルトはあくまでも自由意志を擁護しているということだ。彼は方法的懐疑によって、それ以上疑うことができないもっとも確かな真理を探究し、その結果として、精神の存在を証明した。そして、精神の存在から、今度は神の存在が証明され、その後になって、精神の外側に広がる自然の存在が証明される。したがって、デカルトにおいて機械論的自然観はあくまでも精神の存在を前提にした概念である。もしも、機械論的自然観が人間の精神を否定するなら、それはすなわち、機械論的自然観自身の根拠を掘り崩すことになってしまう。少なくとも、デカルトの哲学においては、そのように考えられている。ただ、その理屈はそれほど単純なわけでもない。

機械としての生命

デカルトは、この世界に存在する実体のあり方を、二つに区別した。一つは思惟実体であり、もう一つは延長実体である。思惟実体とは、精神や自由意志に相当するものであり、延長実体とは、物理空間に存在する事物に相当するものである。延長実体は数理的な自然法則に従っている。そのプロセスに思惟実体はまったく関与していない。たとえば時計の針が動くのは、その時計が針を動かそうと意志しているからではなく、その時計を構成している部品が自然法則に従って運動しているからである。

デカルトによれば、生命もまた、自然法則に基づく機械として説明することができる。たとえば動物の運動は、あたかも様々な部品によって作動する時計のように、様々な器官によって構成された生理的なメカニズムによって説明される。つまり彼にとっては動物もまた一種の機械なのである。そこでは、骨、筋肉、神経、静脈、動脈といった器官は、時計にとっての発条や歯車の役割を果たすのだ。

こうした思想は一般に動物機械論と呼ばれる。デカルトによれば、もしもここに非常に精巧に作られた機械人形があり、それが「サルか何か理性を持たないほかの動物の器官と形状を持つとすれば、この機械がそうした動物とどんな点でも同じ性質のものではないと見分ける何の手段も、われわれにはあるまい」[2]。つまり、動物の身体と機械の間には、本質的には何の違いもない、ということだ。

人間もまたそうした生命の一つである。人間の身体は、他の動物がそうであるのと同様に、機械である。たとえば人間が感じる身体的な感覚や、病気などによって生じる異変は、すべて生理的なメカニズムによって説明できる。そしてそのメカニズムは、突き詰めれば、延長実体を支配する自然法則に基づいている。そうでなければ、身体を医学的に治療することもできないだろう。

そうであるとしたら、人間は思惟実体と延長実体、つまり精神と身体が合体した存在である、ということになる。しかし、それはほとんど不可能な発想であるように思える。なぜなら、精神と身体はあくまでもまったく異なるものであり、両者がいかにして関わり合うかを説明することは、困難であるからだ。

こうした問題を解決するために、デカルトによって提示されるのは、次のような発想である。すなわち、人間の脳のなかには「松果腺」と呼ばれる器官があり、ここにおいて精神と身体は「共通感覚」を持つことができる、というものだ。いわば、精神と身体の間にある種のインターフェースが存在する、と想定されるのである。これは、現代の心の哲学の分類に従うなら、心身相互説と呼ばれるべき立場である。

デカルトの理論に従うなら、人間の身体は精神と合一しているという点で、他の動物とは異なっている。言い換えるなら、他の動物の運動が完全な機械として説明できるのに対して、人間の運動は単なる機械としてだけでは説明できない側面を持っている。彼がその例として挙げるのは、言葉の使用と、応用的な能力である。機械は、意志疎通することなく作業を遂行するため、本質的に言葉を必要としない。また、機械は特定の目的を達成するためだけに構成されており、人間のように様々な目的のために行動したり、あるいは新しい目的を創出したりすることがない。この点に、デカルトは人間と機械の違いを見出す。

ただし、こうした心身相互説には、いくつかの問題を抱えている。

第一に、松果腺がいったいどのようにして精神と身体を媒介しているのかが、まったく不明であるということだ。これはデカルトの機械論的自然観に対して寄せられるもっとも典型的な批判だろう。しかしそれだけではない。第二に、言語と応用的能力が機械にはない、とするデカルトの発想は、おそらくは今日においてはもはや擁護されえない。たとえば、近年の生成ＡＩは、人間よりも人間らしい文章を作り出すことができる。機械で作られた動物が、現実の動物を見分けられないのと同様に、生成ＡＩによって作られた文章は、実際に人間が書いた文章と見分けられない。そのように考えるなら、言語の使用もまた機械のメカニズムと本質的に変わらない、と見ることもできるだろう。また、応用的な能力についても、ＡＩが人間に劣るとは簡単には言い切れない。少なくともそれが一定の汎用性を持っており、ある特定の目的のためだけに使用される単純な道具でないことは、確かである。

リベットの実験

そうであるとしたら、結局のところ、なぜ人間において精神と身体が合体しているのか、そもそも本当に、身体とは異なる存在論的地位を持った精神が存在するのか、ということが疑わしくなってくる。むしろ、デカルトの提示する機械論的自然観から、精神の要素を取り除いてしまうことが、合理的で首尾一貫した説明になるだろう。このような観点から、精神の活動と思えるものも含めて、一切を機械論的に捉える見方が、因果的決定論の基本的な発想である。

当然のことながら、こうした決定論は私たちの直観に反する。私たちは自分が自由意志に基づいて行為していると感じているからだ。しかし、それでも決定論の妥当性を説明するために、様々な心理学的実験が参照されることがある。そのなかでも代表的なのは、ベンジャミン・リベットによって行われた次のような実験である。

リベットは、被験者に対して、脳波を測定する特殊な器具を装着させたうえで、自分の好きなタイミングで手首を曲げさせた。その際、二秒半で一周する時計の針を被験者の前に置き、どの位置に針がきたときに手首を曲げようと思ったのかを、被験者に尋ねた。同時に、被験者が手首を曲げようと意志するとき、脳内に生じる電位変化を測定した。それによって、手首を曲げようと被験者が意志した瞬間と、脳内に電位変化が起きる瞬間とを、比較したのである。

もしも人間が自由意志を持つならば、先に起こるのは意志した瞬間であるはずである。なぜなら、もしも脳内の電位変化が先に発生してしまったら、自由意志は電位変化の結果として発生したことになってしまい、自由意志が行為の原因ではなくなってしまうからだ。

ところが、実験の結果、被験者が手を挙げることを意図したタイミングは、脳内の電位変化が生じるよりも〇・三五~〇・四秒ほど遅かった。つまり、被験者が手首を曲げようと意志したのは、脳内の電位変化よりも遅かったのである。

このことが示唆しているのは、私たちの自由意志が起こるよりも前に、その自由意志を引き起こすような電位変化が、脳内には生じているということだ。しかし、私たちはこの電位変化自体を自らの自由意志で発生させているわけではない。なぜなら電位変化は自由意志に先行しているからである。

そうである以上、「私」が自らの自由意志を直観しているという事態は、結局のところ、単なる錯覚である。

もっともこのことは、リベットの実験が決定論を実証するものである、ということを意味するわけではない。彼の実験は、あくまでも人間の脳神経に関わる極めて限定された領域の研究に資するものであり、そこから本章が主題とする、宇宙に関する決定論を展開することはできない。しかし、そうであったとしても、デカルトが唯一、機械論的な因果的決定性を免れると考えた精神が、決定論的に説明されるのだから、それはやはり徹底された決定論の論拠として説得力を持つのだとしても、不思議ではない。[3]

遂行論的自己矛盾

リベットの実験は、しばしば、決定論を擁護する決定的な論拠として参照されるが、同時に、そうした議論に対しては多くの反論も寄せられてきた。以下では、そうした反論のうちいくつかを検討しよう。

山口尚によれば、決定論はそもそも論理的に破綻した理論である。さしあたりそれは、人間には自由意志がない、と主張する理論として理解できる。もしも自由意志が成立しないなら、「私」が主体として何かの行為をすることもまた、できないということになる。しかし、そうであるとしたら、ここには論理的な不整合が生じることになる。なぜなら、何かを主張する、ということは、それ自体が自由意志に基づいた行為であるからだ。彼は次のように述べる。

例えば、私があなたの眼前におり、そして私があなたに「自由な選択は無い」と主張するとしよう。この場合——前節で説明したように——私は、この世界には「ひとが何かをすること」はまったく無く、一切はただ生じるに過ぎない、と主張している。だがあなたはただちに私のやっていることのうちに矛盾を見出すだろう。なぜなら、主張するというのはひとつの行為であり、もし私が自分のやっていることを「私の主張」と見なしてもらいたいのであれば、私はこの世に少なくともひとつの「ひとが何かをすること」の存在を認めねばならないからだ。[4]

山口による反論の前提となっているのは、何かを主張するということが妥当性を持つのは、それが自由意志に基づいているときである、ということである。もしもそれが自由意志に基づいていないなら、そのとき「私」が語ることは、物理的に決定された自然現象に過ぎず、風の音のように、無意味な空気の振動に過ぎない。しかし、そうであるとしたら、決定論を有意味に主張することは、そもそもできない。言い換えるなら、決定論を主張するという行為は、決定論という理論の内容と矛盾するのである。したがって、決定論はそもそも理論として成立していない。これが山口の基本的な主張である。

ただし、ここでいう「主張する」という行為は、単に他者に対して発話して語るということだけではなく、頭のなかで思考するということも含む。なぜなら、山口によれば、考えることは「自分自身へ〈主体〉や〈行為〉や〈自由〉や〈選択〉の概念が適用される」[5]からだ。したがって、誰とも会話をせずとも、決定論について黙考した瞬間に、その行為は決定論と両立しなくなるのである。

さて、以上のような論拠によって、山口は決定論に対する反論を企てるが、筆者はこの反論には説明されるべき不足が残されている、と考える。

山口は、決定論の意味内容と、それを主張するという行為の間の矛盾を批判している。これは哲学の領域において、遂行論的自己矛盾と呼ばれる概念に基づく論法であり、カール・オットー・アーペルが討議倫理の基礎づけに用いたことでも知られている。[6]しかしこのことは、「決定論を主張することはできない」、ということを明らかにするだけであり、決定論の意味内容そのものが妥当ではない、ということの理由にはならない。たしかに、遂行論的自己矛盾を犯さない限り、決定論を主張することはできない。しかし、そうであるにもかかわらず、決定論が正しいということは、論理的には成り立つだろう。このように考えるなら、遂行論的自己矛盾の指摘は、決定論を退けるために十分な論拠であるとは言えない。

また山口は、思考が行為として捉えられるということを前提にしているが、この前提にも疑問の余地がある。なぜなら「私」は、複数の矛盾した思考のなかで引き裂かれることがありえるからだ。もしも、思考の主体が行為の主体でもありえるなら、「私」は複数の矛盾した「私」へと分裂することになるだろう。なるほど、そうした発想を取ることもできるかも知れないが、それはやはり、他者へと影響を及ぼす行為における人格の性質と、あまりにもかけ離れたものだろう。思考を行為として捉える、という発想は、少なくとも直感的には納得できない。また、そうした納得を形成するために十分な議論を、山口が提示しているとは思えない。

自然化された運命論

木島泰三は、そもそもリベットの実験が、決定論を証明するものではない、と主張する。この実験から明らかになることは、「私」の行為の原因が、自由意志に先行する何かである、ということである。その原因を、物理的な自然法則として捉えるなら、それは決定論的な説明になるが、必ずしもそのように捉えなければならないわけではない。彼はむしろ、それを、人間の脳に備わった生理的な仕組みとして捉える。そしてそうした仕組みは、

「私」という個体が属する生物種に共有された、「利己的な遺伝子」とでもいうべき本能的なメカニズムなのだ。木島は、こうした仕組みに基づいて「私」の行為が支配されている事態を、「自然化された運命論」と呼ぶ。[7]

ただし、自然化された運命論として捉えるのだとしても、それが自由意志を否認するものであることに変わりはない。なぜなら「私」の行為は、そうした脳内の生理的なメカニズムによる決定に支配されているからであり、結局のところ、自由意志はこれを追認し、あたかも自分がそう決定したかのように誤解しているだけだからである。

これに対して、次のような反論を考えることができるかもしれない。もしも「私」の決定が、「私」の脳内のメカニズムに基づくのだとしたら、それは結局、「私」の自由意志だと言えるのではないか。つまり、脳内のメカニズムとしての「私」と、自由意志の主体である「私」の間には、連続性があるのであって、両者を同一の主体だと捉えることもできるのではないか。そして、そのような立場を取るなら、リベットの実験は自由意志を否認するものではないのではないか。

木島は、このような主張を、楽観論と呼んで退ける。なぜなら、現実には、脳内のメカニズムによってなされた決定と、「私」が自由に意志することが、乖離しうるからである。

たとえば薬物依存に陥り、本当は薬物を摂取したくないのに、脳内のメカニズムは薬物を欲してしまう、という事態は、そうした乖離の一例である。

こうした楽観論に対して、悲観論とでも呼ぶべき立場を構想することができる。木島によれば、それは、「私」の脳内のメカニズムが、「私」の自由意志を完全に決定している、という考え方である。この場合には自由意志は単なる虚構の産物に過ぎない、ということになる。

しかし、木島は悲観論に対しても批判的な立場を取る。その際、彼が立脚するのは、進化心理学における二重過程論と呼ばれる理論である。そこでは、人間の行為の様式について、進化論的に形成された本能などによってもたらされるものと、思考に基づく熟慮や試行錯誤によってもたらされるものとが、区別される。前者はタイプ一と呼ばれ、安価であり、素早い判断として特徴づけられる。後者はタイプ二と呼ばれ、高価であり、時間のかかる判断として特徴づけられる。人間は、この二つのタイプの行為の様式を使い分けているのである。自由意志に基づく行為は、このうちに、タイプ二に相当するものだろう。

リベットの実験は、タイプ一の行為の様式を実証するものではあったかもしれない。しかし、すべての問題がタイプ一で解決できないからこそ、人間にはタイプ二の行為の様式が形成されたのではないか。そのように考えるなら、この実験がタイプ二そのものを否定するものである理由にはならない。したがって、悲観論もまた退けられるべきであり、この実験から自由意志の否認を導き出すことはできない。このような論証に基づいて、木島は決定論的な発想を退ける。

しかし、こうした木島の議論についても、疑問の余地が残る。彼の発想に従うなら、リベットの実験は二重過程論のうち、タイプ二について何も説明するものではない。しかしこの実験を、タイプ二の行為を取り込んだ形で設計することは、容易にできる。たとえば、複雑な推理を必要とするクイズを用意し、脳内の電位変化を測定しながら、そのクイズについて思考し始めた瞬間や、答えが分かった瞬間を被験者に申告させ、それぞれを電位変化のタイミングと比較するのである。もしも、手首を曲げた場合の実験と同じ結果が得られた場合、タイプ二の行為もまた脳内のメカニズムに従っていることになり、木島の言う悲観論が証明されることになってしまう。そして、おそらく、そうなる可能性は極めて高いのではないだろうか。

自由意志の長期的な時間性

リベットの実験は、人間の自由意志と行為に関する、次のような前提に基づいている。すなわち「私」は、ある行為をする前に、その行為を選択しているのであり、自由意志を発動した時点と、その自由意志に基づいて行為した時点は、特定し、比較することができる、ということだ。だからこそ、自由意志が発動した時点よりも前に、脳の電位変化が生じていることを示すことで、自由意志が行為の本当の原因ではない、と論証することができる。

このとき、自由意志が発動した時点とは、いったいどのように特定されうるのだろうか。リベットはそれを、被験者が「手首を曲げようと思った」時点として説明している。つまり、被験者が自らの自由意志を意識した瞬間を、その時点としているのである。

しかし、ごく普通に考えて、自由意志が発動する瞬間と、自由意志を意識する瞬間は、別だろう。古田徹也は、両者を混同している点に、リベットの実験の問題を指摘する。その実験で明らかにされているのは、被験者が自らの自由意志を意識したのが、脳の電位変化よりも後だった、ということに過ぎない。しかしそれは、自由意志がいったいいつ発動したのかを、証言するものでは決してない。

それでは、自由意志が発動する瞬間は、いったいどのように特定できるのだろうか。この問題に対する古田の解答は、次のような大胆なものである。すなわちそれは、いかなる時点にも特定できない、というものだ。

どういうことだろうか。古田によれば、そもそも「私」がある行為を意図するのは、その行為をする直前であるとは限らない。人間をある行為へと動機づける意図は、一瞬で発動するものではなく、長い期間にわたって人間を機能し続けることがありえるからだ。彼はその例として、「子どもの頃に『群馬県の赤城山に埋蔵金が眠っている』と聞かされ、一生そのことを信じて発掘作業を続ける」というケースを挙げている。こうした人は、一生にわたって埋蔵金を発掘するという自由意志を発動していたことになる。しかしこのことは、この人が、その自由意志を絶え間なく意識していた、ということを意味するわけではない。彼は次のように述べる。


たとえば埋蔵金の発掘作業を一生続けた人も、当然のことながら、発掘することに生涯にわたってずっと意識を集中し続けていたわけではないだろう。テレビを見ているときや、ご飯を食べているときには、発掘のことが全く頭から離れていたことも多かったに違いない。[8]

また、古田は人間の行為が様々に再記述できる、という性格も指摘する。たとえば彼によれば、「自転車に乗ること」という行為は、ペダルを漕ぐこと、ハンドルを操作すること、ブレーキをかけること、などと、様々な形で言い換えることができる。しかし、自由意志に基づいて自転車に乗っているとき、本人がペダルを漕ぐことを意識しているのか、と問われれば、必ずしもそうではないだろう。私たちは、ペダルに対してどんな風に力をかけるか、いまペダルがどの位置に来ているかを、いちいち考えないからである。したがって、自転車に乗ることを自由に意志することは、同時にペダルを漕ぐことを自由に意志することであるが、しかし、自由意志に基づいてペダルを漕ぐことを、私たちは意識しない。つまり、自由意志を発動することと、自由意志を意識することの間には、やはり乖離があるのである。

もしも自由意志がこのような性質のものであるとしたら、それを電位変化に対応させることは不可能だろう。たとえば、生涯にわたって埋蔵金を発掘しようと意志していた人は、埋蔵金発掘に相当する脳内の部位が、生涯にわたって電位変化し続けていたのだろうか。そのような説明はむしろ非科学的であるように思える。したがって、リベットの実験から、人間の自由意志を脳内の電位変化に還元することは、そもそも不合理なのである。

もちろん、このことは脳神経科学が無用である、ということを意味するわけではない。実際、そうした学問は私たちの行動の仕組みを解明するために、有効ではあるだろう。しかし、その説明の枠組みを用いることで、かえって出来事を有効に説明できないなら、その枠組みを採用しなければならない理由はない。そもそも、古田によれば、たとえ脳神経科学の研究者であっても、因果的決定論を全面的に支持している者など、およそ存在しえない。脳神経科学は、あくまでも限定された特定の問題設定のもとで研究しているのであり、決定論のような、森羅万象に関する普遍的な原則を探究する領域ではないからだ。

まとめ

伝統的責任概念は、人間が自由意志に基づいて行為することを前提にする。前章で述べた通り、伝統的に自由意志は他行為可能性として理解されてきた。しかしこの前提を脅かす理論が、決定論に他ならない。

　興味深いことに、現代の決定論に通じる機械論的自然観を提唱したのは、自由意志を基礎づけようともしたデカルトだった。彼はその矛盾する主張を、精神と身体の相互作用によって説明しようとしたが、それは理論として不明瞭な点を多く残していた。それに対して、精神の存在を排除し、人間の意識活動をすべて数理的な自然法則によって説明しようとするものが、因果的決定論である。

　決定論の根拠としてしばしば参照されるのが、リベットの実験である。それによって、人間は運動をするとき、実際に運動しようと意志するよりも前に、脳内では電位変化が起きていることが分かった。決定論の支持者は、ここから、人間の自由意志はすべて脳内の活動によって決定されており、人間はそうした決定に従って物事を意志しているだけであり、そこには他行為可能性が認められない。したがって人間に自由意志はない、と結論づける。

　このような発想に対して、様々な批判が寄せられてきた。そのなかでも、決定的だと思われるのは、そもそも自由意志は特定の時点において計測可能なものではない、ということだ。同時にまた、決定論において前提とされる機械論的自然観もまた、およそ証明されることが可能であるとは考え難い、思弁的な理論である。誠実な脳神経科学で、決定論が実証可能だと考える者など、おそらく一人として存在しないだろう。

しかし、以上のような批判を踏まえたとしても、それは結局、人間に自由意志が認められるかは、まだよく分からない、ということ以上の説明ではない。もしも決定論が本当に正しいのだとしたら、そして人間の長期的な自由意志さえも脳内の電位変化によって完全に説明できるのだとしたら、やはり人間は自由意志を持たないことになるだろう。その可能性はまだ残ったままである。

あるいはそれが穏当な帰結なのかもしれない。しかし、これに対して、自由意志の捉え方を根本的に改めることで、こうした決定論の問題をすり抜けようとする考え方がある。その理論を、次章で検討していこう。

1　ただし、決定論そのものにはもっと多様なバリエーションがあるが、本書では、近代以降の議論において専ら主題とされてきた、因果的決定論に射程を絞る。

2　デカルト『方法序説』谷川多佳子訳、岩波文庫、一九九七年、七四－七五頁。

3 ただしこの実験から、人間の自由意志がただちに否定される、とする見解は、性急すぎる。なぜならこの実験では、脳内の電位変化が起きたタイミングと、手首を曲げようと意図したタイミングのずれが証明されている。しかし、よく考えてみると、後者は意図した瞬間ではなく、そうした意図を自分が持っていると意識した瞬間に過ぎない。当然のことながら、両者の間にもやはりずれがある。私たちは、何かを意図してから、そのように自分が意図していることを意識するに違いないからだ。そうであるとしたら、私たちがいったいいつ手首を曲げようと意図したのかは、決して知りえないことになる。なぜなら、その瞬間を捉えようとしても、私たちに語りうるのは、意図を意識した瞬間でありつづけるからである。したがって、脳内の電位変化が意志に先行する、ということは、この実験では決して証明されていないのである。また、リベット自身は、この実験によって自由意志を否定しているわけでもない。

4 山口尚『人が人を罰するということ——自由と責任の哲学入門』ちくま新書、二〇二三年、一八八‐一八九頁。

5 同書、一九一頁。

6 Karl-Otto Apel, *Transformation der Philosophie II. Das Apriori der Kommunikationsgemeinschaft*, Suhrkamp, 1982.

7 木島泰三『自由意志の向こう側——決定論をめぐる哲学史』講談社、二〇二〇年、二一五頁。

8 古田徹也『それは私がしたことなのか——行為の哲学入門』新曜社、二〇一八年、六八頁。

第三章　二階の欲求説

前章では、伝統的責任概念が直面する理論的な問題として、決定論を検討した。決定論は、人間には自由意志がないと考えることで、責任概念そのものの成立要件を否定する。しかし、そこには依然として不十分な点があり、決定論を全面的に支持することはできない。それが前章のさしあたりの帰結だった。

しかしこのことは、決定論による問題から自由意志が解放された、ということを意味するわけではない。これに対して、自由意志の考え方そのものを修正することで、決定論の問題をすり抜けようとする立場がある。それが、二階の欲求説と呼ばれる理論だ。

二階の欲求説は、ハリー・フランクファートによって提唱され、多くの哲学者に批判的に検討されながらも、自由意志をめぐる今日の議論において、極めて大きな影響を与えている。本章では、フランクファートの思想を中心にしつつ、マイケル・ブラットマンによるその修正版を含めて、この理論を検討していこう。

他行為可能性への批判

第一章で述べた通り、デカルトは自由意志を他行為可能性として理解していた。それは現代においても支配的な発想である。「私」がある行為をしたとき、その行為が自由であると言えるのは、「私」にその行為をしないことができたときだ。言い換えるなら、もしも「私」にはその行為をしないことができず、その行為をすることを強制されていたなら、「私」は自由ではなかった。したがってその場合に、「私」には責任がない。

決定論は、まさにこのような仕方で、自由意志を否定し、それによって人間の責任を無効化する。しかしこのことは、言い換えるなら、もしも自由意志が他行為可能性として捉えられないのだとしたら、決定論と自由意志が必ずしも背反するとは限らない、ということを意味する。すなわち、決定論と両立可能な自由意志も、少なくとも論理的な可能性として考えることができるはずなのだ。

フランクファートは、そうした他行為可能性とは異なる仕方で人間の自由意志が発揮される事態として、次のようなケースを挙げている。

ある事情のもとで、誰かがある行為を遂行するのに十分な条件が整っており、それゆえ、その人格には別のことができないようになっていながら、実際にはその事情が彼の行為を強いているわけでもなければ、いかなる仕方でも引き起こしていない、そのような場合もあるかもしれない。こういった事情は、現実には、彼が何かをするように動かしたり導いたりしないし、彼が自らの行為を遂行することになるにあたって、まったくいかなる役割も演じていない。それなのに、彼にはそうする以外の選択肢は残されていない。ある人格がそのような事情のもとで行為しているということも、考えられるのである。[1]

ここで彼が述べているのは次のような事態である。ある人格がある行為をする。しかしその人格は、その行為をしないことができないような、強制的な状況に置かれている。それでもその人格は、そのように強制的な状況に置かれているという理由によって、その行為をするわけではない。その人格は、自ら意志して、その行為をしているのだ。このような場合には、この人格には他行為可能性は認められないが、しかし、自由意志に基づいて行為したと言えるのではないか。

こうした事態を説明するために、彼は懲罰によって脅された行為について思考実験をしている。

たとえば、「私」が何者かから、他者を殴らなければ非常に厳しい懲罰を与えられる、と脅迫された状態において、他者を殴ったとしよう。この行為がどのようになされたのか、ということは、少なくとも次の二つのパターンに区別することができる。

第一に、「私」が懲罰の脅迫を受ける前から、その他者を殴りたいと思っている場合である。この場合、確かに「私」はその後、懲罰の脅迫を受けるが、しかし他者を殴ろうと決意すること自体は、懲罰の脅迫とは関係なく意志されていたことになる。したがってこの状況において「私」は懲罰の脅迫によって他者を殴ることを強制されていたわけではない。

第二に、「私」が懲罰の脅迫を受け、懲罰を受けたくないという動機によって、もともとは他者を殴りたくはなかったのに、他者を殴ることを選択した場合である。この場合には、もしも懲罰の脅迫を受けなかったら、「私」は他者を殴ろうとは意志しなかっただろうから、その脅迫がこの行為の直接の原因である、ということになる。

この二つのパターンにおいて、どちらの場合であっても、「私」には他者を殴ることしか選択できない。したがって、もしも自由意志が他行為可能性として理解されるのだとしたら、どちらの場合も「私」は自由でなかったのであり、したがって「私」の行為に道徳的な責任は要求されないことになる。

しかし、実際には、私たちは第一のケースに対して、他者を殴った責任を認めようとするだろう。なぜならその行為は、たとえ別の行為を選択することができなかったのだとしても、「私」が自分で選んだ行為であるかのように思えるからだ。しかし、そうであるとしたら、自由意志は他行為可能性では説明できないことになる。このような仕方で、フランクファートは他行為可能性に基づく自由意志のモデルを批判するのである。

脳内を操作されていたとしたら

ただし、このようなフランクファートによる他行為可能性への反論に対して、次のような再反論がありえるかもしれない。すなわち懲罰によって脅迫されていることは、必ずしも他行為可能性を否定するとは限らない、ということだ。なぜなら「私」は、懲罰を受ける覚悟さえ持てば他者を殴らないこともできるからである。したがって、前述の第二のケースであっても、他者を殴ることは一つの選択として理解されうる。そうである以上、それは他行為可能性に対する批判にはなっていない、ということである。

これに対して、フランクファートはさらに決定的な思考実験を提起する。それは、分かりやすく説明すれば、次のようなものだ。

「私」は、何者か——彼にならって「ブラック」と呼ぼう——に捕らえられ、脳内にチップを埋め込まれた上で、解放された。ブラックは、「私」にある人物——「ホワイト」と名付けよう——を殴らせたいと思っていた。ブラックは、「私」の脳内に埋め込まれたチップに信号を送れば、「私」の行動を制御し、「私」にホワイトを殴らせることができる。そうした操作に対して、「私」はまったく抵抗することができない。また、「私」はブラックに捕らえられた記憶を抹消されており、自分の脳内にチップが埋め込まれていること自体、知らない。

その一方で、「私」はブラックにチップを埋め込まれる前から、常々、機会があればホワイトを殴りたいと思っていた。そのことを知っていたブラックは、できることなら自分で手を汚したくないと思い、「私」が自分でホワイトを殴るか否かを、注意深く観察していた。もしも「私」が自分でホワイトを殴ることを決心したら、ブラックはチップを通じて「私」を操作することはしないことにした。一方、もしも「私」がホワイトを殴らないと決心したら、チップを通じて「私」を操作し、「私」に強制的にホワイトを殴らせることにした。

先ほどの懲罰による脅迫の事例に対して、このチップによる操作が異なる点は、大きく分けて二つある。第一に、他者を殴らないことを決意したとき、「私」に何が起きるかを、「私」が知らないということ。そして第二に、「私」はどうあがいても他者を殴らないことができない、ということである。この状況に置かれたとき、「私」は必ず他者を殴ることになる。つまり他行為可能性は完全に閉ざされている。

さて、この事例においても、「私」は二通りの仕方で他者を殴ることができる。第一に、もともとの信念に従って、チップによる操作を受けることなく、ホワイトを殴る場合であり、第二に、ホワイトを殴らないことを決心した結果、チップによって操作され、ホワイトを殴る場合である。第二の場合には、当然のことながら、「私」がホワイトを殴った責任は問われないだろう。しかし第一の場合には、その責任が問われるのが当然であるように思える。なぜなら「私」はホワイトを殴ることを自ら意志しているからである。

そうであるとしたら、行為することもしないこともできるということ、すなわち他行為可能性は、やはり自由意志にとってもっとも重要な条件ではなかった、ということになる。このようにして、フランクファートは自らの論証を強固なものにする。

一階の欲求と二階の欲求

改めて整理しよう。決定論が自由意志を否定するかのように思えるのは、自由意志が他行為可能性として理解されているときである。それは言い換えるなら、自由意志が他行為可能性とは違った形で理解されるなら、それは決定論と両立する可能性がある。そして私たちの常識的な感覚は、他行為可能性ではない仕方で、自由意志を理解することができる。

ただし、これまでの議論で明らかになったことは、自由意志が他行為可能性に限定されないという、消極的な定義である。では、決定論と両立しうる自由意志の理解を、積極的に述べるとしたら、それはいったい何なのだろうか。それに対してフランクファートが提起するのは、「二階の欲求説」と呼ばれる理論である。

彼の基本的な前提をいくつか確認しておこう。まず、責任の主体は人格であり、人格は他の動物とは異なる本質的な特徴を持つ。ただし彼は、人格が生物学的な意味でのヒトと同一である、とは言わない。ヒトであっても人格を持たないものはいるかもしれないし、あるいは、極めて高度な知性を持った動物が人格を持つこともあるかもしれない。動物から区別される存在としての人格の本質的な特徴は、それが自由意志に従って何かを欲求するという、行為の構造から説明されなければならない。

それでは、単なる動物の欲求と、人格の欲求との間には、いったいどのような違いがあるというのだろうか。フランクファートは次のように述べる。

私の見解では、人格と他の生物の間にある本質的な違いの一つは、人格がもつ意志の構造に見出されるべきである。欲求や動機をもったり選択したりするのは、人間だけではない。他の種に属する個体にも、これと同じことをするものがいるし、さらにその中には、熟慮を行ったり、先行する考えに基づいて決定を下したりしているように見えるものすらいる。しかしながら、私が以下で「二階の欲求」と呼ぶものを形成できるという点は、人間に特有の特徴であると思われる。[2]

すなわち彼によれば、あらゆる動物は欲求を持つことができる。しかし、あらゆる動物のなかで人間――生物学的なヒトではなく、人格――だけは、欲求に対する欲求を持つことができるのだ。あらゆる動物が持つことができる欲求が、あくまでも一次的な性質のものであるのに対して、そうした欲求への欲求は、一次的な欲求を俯瞰し、それを超越した欲求である。彼は、前者の欲求を「一階の欲求」と呼び、後者の欲求を「二階の欲求」と呼ぶ。したがって、二階の欲求を持つということが、あらゆる動物から人間を区別する本質的な特徴なのだ。

一階の欲求と二階の欲求の違いは、具体的には、どのように説明できるだろうか。たとえばここに犬がいるとしよう。この犬が、ある他者に噛みつきたいと欲求し、噛みついたとする。このときこの犬は、噛みつきたいという一階の欲求だけに基づいて行為している。犬には、噛みつきたいという欲求自体が、自分にとって欲求すべきものであるかどうかを意識することができない。つまり犬には二階の欲求が欠けている。

これに対して、「私」が他者を殴りたいと欲求したとき、そのように他者を殴りたいと思うこと自体が、「私」にとって望ましいことなのかを、「私」は意識できる。そしてその結果として、他者を殴りたいと欲求しながらも、そんな欲求は持ちたくない、と、この欲求を拒否するかもしれない。この場合には、「私」は、一階の欲求においては他者を殴ることを欲しながら、二階の欲求において他者を殴ることを欲することを欲さない、という状況に置かれている。そしてその結果、「私」は他者を殴ることを避けられるようになるのである。

フランクファートは、二階の欲求の特徴を明瞭にするために、麻薬中毒者を事例にしている。たとえば「私」が麻薬中毒に陥っているとする。「私」は、麻薬を摂取することに対する、非常に激しい一階の欲求を持ちうる。しかし、同時に「私」は、そうした一階の欲求を持ちたくないとも思っている。麻薬を欲すること自体をやめたいと思っている。

ここで重要なのは、このケースにおいて二階の欲求は、一階の欲求と同じ水準にはない、ということだ。たとえば、一階の欲求として「麻薬を摂取したい」と思っている「私」が、それを二階の欲求として拒否しているとき、その否定的な欲求は、「麻薬を摂取したくない」というものではない。その場合、否定的な欲求は一階と同じ水準に留まるからである。そうではなく、二階に位置づけられる否定的な欲求は、「麻薬を摂取したいと思いたくない」というものにならなければならない。

このことは、言い換えるなら、二階の欲求において「麻薬を摂取したいと思いたくない」と思っている人間が、同時に、一階の欲求において「麻薬を摂取したい」と思っているということが、完全に成立するということでもある。実際にそこには、麻薬中毒を克服しようとする者が体験する欲求の葛藤が示されているに違いない。

意志の同定

もっとも、人間が持ちうる欲求は決して一つではない。人間は競合する複数の欲求に苛まれ、その間で葛藤する存在である。そうした様々な欲求のなかで、私たちはどれか一つを実現されるべき欲求として決定する。フランクファートは、そのように欲求が定められることを、意志の同定と呼ぶ。

行為者の意志を同定するということは、行為者が行うなんらかの行為へと彼を動機づけている一つ（ないし複数）の欲求を同定することであるか、あるいは、行為者が将来行為するときに（またはもし行為するならば）彼を動機づけることになるだろう一つの（ないし複数の）欲求を同定することである。[3]

たとえば、他者を殴りたいという一階の欲求を持っている「私」が、そうした一階の欲求を望ましいと思う欲求と、望ましくないと思う欲求に苛まれているとしよう。「私」は、一方では、自分が他者を殴りたいのだから、気持ちよく殴れば結構ではないかと思っている。しかし他方では、そんなことは間違っているのであり、他者を殴りたいだなんて望みたくはない、と思っている。「私」は二階の欲求において葛藤に陥っていることになる。

このとき、「私」はどちらかの二階の欲求を、実行に移されるべき「私」の欲求として選択する。それが同定された意志である。意志は、「私」の一階の欲求に関連する何らかの行為へと結実するが、そう行為するとき、「私」は一階の欲求に支配されているのではなく、その欲求を俯瞰し、どのように行為するかを意志に基づいて選択していることになる。

フランクファートは、人が「なんらかの欲求が彼の意志になることを欲する」ことを、「二階の意欲」と呼び、そこに、自由意志のもっとも重要な側面を見出すのである。

われわれは、動物には欲するがままにどの方向にも走る自由があるかもしれないと認めるものの、動物が意志の自由を享受しているとは考えない。したがって、欲していることをする自由をもっていることは、自由意志をもっていることの十分条件ではない[4]。

このように考えることで、彼は、他行為可能性とは異なる形で自由意志を定義するに至る。彼によれば、自由意志とは、「自分が欲したいと欲してることを欲する自由があるということを意味する」[5]。ただしこのとき、そうした意志に基づいて行為する「私」が、別様に行為することもできるか否か、ということは、本質的に問題ではない。したがって、たとえ決定論が支持し、人間の行為がすべて自然法則によって決定されているのだとしても、そのように決定された行為を「私」が望むことができるなら、それは「私」の自由意志の発露として理解することができるのである。

あるいは具体例に基づいて次のように言うこともできるだろう。「私」が自由意志に基づいて他者を殴った、と言えるのは、「私」が他者を殴りたいと欲求すること自体を、「私」が望ましいこととして欲求したときだ。そのとき「私」に他者を殴らないことができるか否か、ということは、大きな問題ではないのである。

共鳴する自由意志

しかし、この二階の欲求説には一つの論理的な難点が存在する。それは、二階の欲求にとどまらず、三階、四階と、欲求の階層がどこまでも上昇してしまう、ということである。たとえば「私」が他者を殴りたいと思い（一階の欲求）、殴りたいと思っていること自体をも欲求しているとしているとしよう（二階の欲求）。しかし、欲求の俯瞰がここで静止しなければならない理由はない。たとえば、「私」が学校の教師であり、教師として「殴りたいと欲求していること自体を欲求するのはいかがなものか」と自省したとする。その結果、「殴りたいと欲求していること自体を欲求することは、教師として望ましくないから、それはやはり欲求できない」と、二階の欲求に対する否定的な欲求を持つことはありえる。この場合には、「私」は三階の欲求を持つことになる。

しかし、三階で終わるとも限らない。もしも「私」が、自分が教師である前に一人の親であることを思い出し、三階の欲求に対しても何らかの欲求を持つことになるかもしれない。この場合には四階の欲求が形成されることになる。しかしそれが最後であるとは限らない。ここから推察されるように、こうした欲求の高階化には原理的に限界がない。しかし、無限に欲求を高階化させていれば、人間は何の行為もすることができなくなってしまう。フランクファートは、そうした高階化にどこかで歯止めをかけなければ、人間の人格はやがて破壊される、と指摘する。

> 問題を複雑にするもう一つの点は、人格が、とくに二階の諸欲求が互いに衝突している場合に、二階よりも高階の欲求や意欲をもちうることである。さらにどこまで高階の欲求を形成できるかという範囲に、理論的な限界はない。ある人が自分のもっているいかなる欲求とも自分を同化するのを執拗に拒み、さらなる高階の欲求を形成していくというような事態に陥ることのないようにするものは、常識的な感覚以外には、あるいはおそらく救いをもたらす疲労以外には、何もない。このように次々と欲求を形成していく働きを生み出す作用――それは野放図に人間的であろうとした結果であろうが――もまた、人格の破壊へと導くのである。[6]

したがって、欲求の無限の高階化は、どこかで停止されなければならない。それは言い換えるなら、もはやそれ以上、俯瞰して考えることを必要としない、という地点に到達しなければならない、ということである。ただしそれは、もしもさらに俯瞰していたら、別の判断をしていたかも知れないのに、あえてそうした俯瞰をしない、ということではない。それでは、道に迷っているから目隠しをして前に進むことと変わらない。そうではなく、それ以上俯瞰したとしても、もはや意志が変わることがない、と確信できる階層において、欲求の高階化を停止させることが必要なのである。

たとえば「私」が他者を殴りたいとする。そしてそれに対して、二階、三階、四階と、さまざまな水準でこの欲求が望ましいのかを「私」は検討する。しかし、もうこれ以上どれだけ俯瞰しても、「私」が他者を殴ることは望まない、という確信に至ったとき、「私」はそれ以上の俯瞰を停止させることができる。このようにして、欲求の無限の高階化と、それに伴う人格の破壊は回避される。

しかし、それでは、もはやそれ以上俯瞰したとしても判断が変わらない、という確信は、いったいどのように形成されるのだろうか。そもそも、本当にそれ以上俯瞰したとしても判断が変わらないかは、実際に俯瞰をしてみなければ分からない。そうであるにもかかわらず、欲求の無限の高階化を停止させることができるのは、なぜなのだろうか。
それに対してフランクファートは、次のようの回答を示している。

ある人格が自分のもっている一階の諸欲求のどれか一つと決定的に自分を同化するときには、このコミットメントは、可能性としては無限に続きうる高階の欲求列を貫いて「共鳴」するのである[7]。

すなわち彼によれば、私たちが欲求の無限の高階化を停止させるとき、一階の欲求に自らを「同化」させ、その後のすべての階層の欲求がそれに「共鳴」する。そうした共鳴を体験するとき、私たちの自由意志は同定され、行為へと移される。

しかしこの説明は、どこか神秘的であると言わざるをえない。なぜ、そうした共鳴が起こるのだろうか。その共鳴が正しいと言える根拠はどこにあるのだろうか。共鳴した気がするが、実は共鳴していなかった、本当はもっと俯瞰して検討するべきだった、という事態が、なぜ起こりえないのだろうか。

二階の欲求説の修正

フランクファートによって提起された二階の欲求説は、決定論と自由意志を両立させる革新的な理論として、大きな注目を集めた。しかしそれは、欲求の無限の高階化という難問を抱え込むことになった。この問題は、別の側面から考えるなら、様々な階層で様々な欲求を持つ「私」が、なぜ、ある欲求に自分を同化させることができるのか、つまりそれが「私」の欲求であると言えるのか、という問いでもある。そして、この問題を解決し、二階の欲求説の修正バージョンとも呼べる理論を提示したのが、マイケル・ブラットマンである。

ブラットマンによれば、ある低階に対するある高階の欲求は、反省を意味する。たとえば、一階の欲求に対して二階の欲求を抱くということは、一階の欲求について反省するということと同義である。その上で彼は、「一階の欲求を肯定ないし否定する高階の態度をもつ能力」を「弱い反省能力」と呼び、「行為者としての立場を示す能力――一階の欲求に対して私がどのような立場をとるかを決定する能力――」を「強い反省能力」と呼ぶ。[8]

つまり、弱い反省とは、単に二階の欲求を抱くことであり、強い反省とは、二階の欲求を自分の立場として選択することである。

問題は、私たちはどのようにして強い反省を遂行することができるのか、ということだ。それに対してブラットマンは、人間の行為が持つ時間的性格に注目して、次のように指摘する。

> われわれはただ刹那的に行為するわけではない。むしろ、未来へと向けられた、複雑な——そして典型的には部分的なものであり、また階層的な構造をもつ——行為の計画を立てるのである。そして、こうした計画は、長期にわたるわれわれの活動を組織立てて統一するのを容易にする上で基本的な役割を果たしている。あらかじめ行為の計画を立てる際、人はその計画にコミットしている——とはいえ、もちろんこのコミットメントはふつう変更不可能なものではない。[9]

たとえば「私」が、大学生であり、第一志望の企業に就職するという目標を立て、その計画に基づいて生活しているとしよう。その目標が達成されるのは早く見積もっても一年後である。このとき「私」は、一年後の未来に向けて、現在どのような行為をするべきかを判断している。ブラットマンによれば、こうした長期的計画における未来志向の目的は、「階層的な構造」をもつ。つまり、第一志望の企業に就職するためには、面接試験を突破しなければならない。面接試験を突破するためには、その企業をしっかりと分析しなければならない。企業を分析するためには、業界を広く研究しなければならない。業界を研究するためには、ニュースで情報を収集したり、本を読んだり、人と会って話を聞かなければならない。このように、「私」がするべき行為は、最終目標から一つ一つより短期的な課題へと引き下げられていく。

ブラットマンによれば、こうした長期的な計画は、現在における「私」の一階の欲求をめぐる反省について、ある指針を与えることになる。それは、その欲求が計画と整合するか否か、ということだ。彼は次のように述べる。

> 意図や計画、そして行為の方針は、非常におおまかな意味において、すべて肯定的態度である。しかし、これらのものは、ある基本的な点において、通常の欲求とは異なっている。とりわけ、それらは、整合性、一貫性、そして安定性という独特の合理的規範に従うのである。だが、人間の行為に関するわれわれの理論において、基礎的な

説明の役割を計画や方針に与えるとしても、われわれは人間の行為を因果的にとらえるという見方の枠内にとどまる。つまり、行為の原因について論じる際、行為者を別個の一要素とみなすことは避けるのである。[10]

たとえば、第一志望の企業に就職することを目標としている「私」が、他者を殴りたくなったとしよう。「私」は他者を殴りたいという一階の欲求を持っている。同時に、二階の欲求として、この欲求が果たして望ましいかどうかを反省する。このとき、反省の基準となるのは、「私」が抱えている長期的な計画なのである。もしも「私」が他者を殴り、傷害罪で逮捕されたり、大学から処分を受けたりすれば、「私」はおそらく就職活動に失敗するだろう。それは、「私」の一階の欲求が、「私」の長期的な計画と整合しない、ということを意味する。そうである以上、「私」は他者を殴るわけにはいかない。したがって、どれほど一階の欲求として他者を殴りたいのだとしても、「私」は他者を殴らないことを選択する。このとき「私」は強い反省を発揮したと言えるのだ。

ブラットマンは、このように「私」の強い反省の指針となる長期的な計画を、「自己統制方針」と呼ぶ。この方針は、「私」のその都度の意志決定を規定するだけではなく、「私」の自己同一性を支えるものとしても機能する。

第一志望の企業に就職するために、階層化された様々な行為を遂行するとき、「私」はそれらがすべて自分の行為であることを確信する。「私」は、自分がニュースで情報を収集し、自分が本を読み、自分が人と会って話を聞いている、ということを実感する。「私」が自分の行為を自分の行為として引き受けられるのは、それらの行為が自らの自己統制方針に基づいて意味づけられるものであるからなのだ。

ただしこのことは、自己統制方針に従わない行為が自分の行為ではない、ということを意味するわけではない。ブラットマンによれば、「もし、自分の方針に対する満足が、強い反省に基づく支持に特有のものであるなら、たとえ人がある種の葛藤を経験したり、ある特定の場面ではその方針を破るようなことがあっても、その自己統制的方針に対して満足しているということが可能であるべきだろう[11]」。たとえば、第一志望の企業に就職することが自己統制方針であるにもかかわらず、その方針を破って、他者を殴ってしまったとしよう。「私」は、その行為も自分の行為として引き受け、後悔することになるだろう。なぜ後悔するのか、と言えば、それは「私」が依然として第一志望の企業に就職するということを自らの自己統制方針としているからだ。したがって、あるとき、自己統制方針を破る行為をしてしまうことは、「私」が自己統制方針そのものを否定している、ということを意味するわけではないのである。

自己統制方針が根本から否定されるのは、それが別の両立しえない自己統制方針と競合しているときである。言い換えるなら、そうした競合が生じていない限りにおいて、人間は特定の自己統制方針に基づいて行為する。「人が、自分の自己統制的方針に満足しているのは、その方針が、その人のもつ他の自己統制的方針による異議申し立てを受けていないときだけである[12]」。

それでは、ある行為が自己統制方針と整合するものであるか否か、ということは、どのように判定されるのだろうか。ブラットマンによれば、それは、行為者が自らの行為を自己統制方針に基づいて説明することができるか否か、ということにかかっている。「反省に基づく支持とは、けっきょくのところ、行為の説明となりうるものなのである[13]」。したがって、自由意志に基づく行為とは、なぜその行為をしたのかを本人が説明できる行為である、と考えることができる。反対にそうした説明がまったく不可能な行為は、自由意志に基づく行為とは呼べないのだ。

ただし、このように人間の自由意志を強力に条件づける自己統制方針は、決して後から修正ができないものではない。ブラットマンは次のように述べる。

自己統制的方針は、適切な文脈において、ある動機づけに対して行為者がどのような立場をとるのかを決定するのに役立ちうるコミットメントである。これは、それらの方針が合理的な見直しの対象にならないということではない。人はときおり、自分の立場について反省し、それを再評価したり見直したりする。[14]

すなわち、自己統制方針は弾力を持ったものであり、後から修正を図ることが可能なものである。たとえば「私」は、第一志望の企業に就職するために業界研究をしていたが、その業界に潜むニッチな課題に気が付き、それを解決するためにはむしろ学生のうちから起業するべきである、と考えるようになるかもしれない。そうなれば、「私」は第一志望の企業に就職する、という当初の自己統制方針を、学生起業する、という別の自己統制方針に修正するべきである。当然のことながら、それによってそのために今するべき行為も変わっていく。そのようにして、行為は弾力的に変化していく。しかし、そのように変化していくのだとしても、「私」は自分の行為を自分の行為として引き受けられるのであり、自己統制方針が自由意志の条件であることに変わりはないのだ。

まとめ

本章では、決定論に対して自由意志を擁護する理論として、二階の欲求説を検討した。改めて確認すれば、決定論が伝統的責任概念を脅かすのは、自由意志が他行為可能性として理解されているからである。これに対して、二階の欲求説は、自由意志の概念そのものを別様に捉えることで、決定論と両立しうる形で自由意志を再定義し、それによって、伝統的責任概念の擁護を試みる。

二階の欲求説は、フランクファートによって提唱されたが、それは欲求の階層が無限に上昇していくという問題点を抱えていた。これに対してブラットマンは、自己統制方針という概念を導入することによって、この問題の解決を図った。

二階の欲求説に対しては様々な批判がある。それでも、私たちの自由意志に関する日常的直観と極端に相反するものではなく、また、決定論をめぐる理論的問題をかいくぐることができる点で、これが優秀な理論であることに疑う余地はない。ただし、ブラットマンによって導入された、自己統制方針という発想は、さらに発展させる余地のある概念であると考えられる。

欲求の階層が無限に拡張するように、自己統制方針もまた、より長期の目標へと拡張していくことができる。たとえば、大学生である「私」が企業に就職しようとすることが、さしあたりの目標であるとしても、それは「安心できる家庭を築きたい」という、より長期にわたる目標に包摂されうるものだろう。では、「私」の個々の自己統制方針をそのうちに含む、もっとも大きな自己統制方針とは何か。おそらくそれは、「私」がこの人生の全体によって達成すべき目標として、捉えられるに違いない。それはいわば、「私」の人生全体を統制する目標に他ならない。

人生全体を統制する目標とは、言い換えるなら、「私」が「何のために生きているのか」に答えを与えるような目標である。同時に、その目標に基づいて自らを省みることは、自分の人生を「物語」として理解することなのではないだろうか。

次章では、こうした物語の視点を介在させながら、二階の欲求説の理論を新たな方向へと展開させてみたい。

1　ハリー・G・フランクファート「第2論文　選択可能性と道徳的責任」、門脇俊介・野矢茂樹編・監修『自由と行為の哲学』春秋社、二〇一〇年、八二-八三頁。
2　ハリー・G・フランクファート「第3論文　意志の自由と人格という概念」、門脇俊介・野矢茂樹編・監修『自由と行為の哲学』春秋社、二〇一〇年、一〇一頁。
3　同書、一〇四頁。
4　同書、一一四-一一五頁。
5　同書、一一六頁。
6　同書、一一七頁。
7　同書、一一七-一一八頁。
8　マイケル・ブラッドマン「第8論文　反省・計画・時間的幅をもった行為者性」、門脇俊介・野矢茂樹編・監修『自由と行為の哲学』春秋社、二〇一〇年、二九二頁。
9　同書、二九四-二九五頁。
10　同書、二九五-二九六頁。
11　同書、三〇六頁。

12　同書、三〇七頁。
13　同書、三一二頁。
14　同書、三〇八頁。

第四章　物語的責任

前章において、本書は二階の欲求説と呼ばれる理論を検討した。それは、自由意志を他行為可能性とは異なるモデルで捉えることで、決定論と責任を整合させるアイデアとして理解できる。しかし、そこには依然として解決されるべき課題が残されていた。それは、様々な自己統制方針をそのうちに含むような、もっとも大きな自己統制方針をどのように捉えるべきなのか、ということだ。

本章では、この問題に対する一つの解決策として、「物語」という概念を中心とした説明の方法を模索する。そしてここから、伝統的責任概念に対する代替案として、本書が物語的責任と呼ぶ概念を提示する。

強い評価と弱い評価

徳倫理学に先鞭をつけた哲学として知られるチャールズ・テイラーは、その初期の著作『哲学論文集I（*Philosophical Papers: Volume 1*）』において、フランクファートの二階の欲求説を独自の仕方で発展させている。彼は、その理論に基本的には同意しながらも、一階の欲求に対する二階の欲求をさらに二つに区分することで、この理論に示唆される人間の主体性の構造を明らかにしようとする。

テイラーによれば、二階の欲求は、一階の欲求が望ましいものであるか否かを、評価する欲求である。その評価には「弱い評価」と「強い評価」が区分される。弱い評価が、単なる印象に基づく直観的な評価であるのに対して、強い評価は、その欲求に対する質的な価値に関わる評価である。[1]

弱い評価の典型として彼が挙げるのは、「エクレアかミルフィーユか」というものである。たとえば「私」は一階の欲求として、エクレアも食べたいし、ミルフィーユも食べたいと思うことがありえる。そのように欲求が競合するとき、二階の欲求において、どちらを選択するべきかが評価される。しかし、そうした評価と選択は往々にして直観的であり、気分に基づいている。たとえば「私」がエクレアを選んだとして、「なぜミルフィーユではなくエクレアを選んだのか」と問い直されても、その理由を厳密に論証することはできない。この意味において弱い評価は言語による正当化を必要としない評価である。

それに対して、強い評価の例として挙げられるのは、病弱な母親のもとに残るか、レジスタンスに参加するかで悩む若者のケースである。[2] この若者は、一階の欲求において、母親のもとに留まりたい、という欲求と、レジスタンスに参加したい、という欲求の間で、葛藤する。そして、二階の欲求において、それぞれの欲求の質的な価値を評価し、どちらを選択するべきかを決断しなければならない。

そうした選択を印象に基づいて直観的に行うことはできない。若者が、ただなんとなく、その日の気分でレジスタンスに参加することを決断することはできない。むしろ若者は、吟味に吟味を重ねたうえで、どちらかを選択するだろう。その場合に、一方を選択し他方を選択しなかった理由は、言語によって説明されうるものになる。つまり、「なぜ母親のもとに留まるのではなく、レジスタンスに参加することを決めたのか」と問われたとしても、この若者には応答できることが期待されるのだ。この意味において、強い評価は言語的な正当化を要求される概念である。

このとき強い評価は、その都度の状況に適応するだけのものではなく、そのように評価する者の一貫した行動様式に基づいたものになる。右の例における若者が、母親のもとに留まるのではなく、レジスタンスに参加することを選択するのは、彼が勇敢に生きることを自らの行動様式として採用しているからかもしれない。母親のもとに留まるという選択は、彼のそうした行動様式に適っていない。したがって、彼はレジスタンスに参加することを選択した、ということになるのだ。

テイラーによれば、こうした弱い評価と強い評価の違いは、選択における偶発性の有無として理解することができる。弱い評価において、一方が選択され、他方が選択されないことは、偶発的である。つまりそれは、そのときにたまたまそうした選択がされるだけであって、もし状況が違ったら、別の選択がなされることも可能であった、ということになる。それに対して、強い評価において、そうした選択の偶発性は生じえない。たとえば「私」が勇敢な生き方を自らの行動様式としているなら、母親のもとに留まるという選択肢は、決して選ばれえないものなのである。

なぜテイラーは強い評価という概念を提起するのだろうか。その理由の一つは、彼が功利主義的な量的評価とは異なる、人生の質的な評価の仕方を基礎づけようとするからだ。少なくとも、ジェレミー・ベンサムに代表される単純総和主義に基づく功利主義は、望ましい選択肢を評価するために、その選択肢によってもたらされる幸福を数量化する。その発想に従うなら、一階の欲求において複数の選択肢が競合する場合、「私」はそれぞれの選択肢がもたらす幸福の総量を比較し、その合計値が最も大きいものを選択する、ということになるだろう。

しかし、前述の若者の事例を鑑みれば、このような評価のモデルが必ずしも有効でないことは明らかである。若者にとって、母親のもとに留まるということと、レジスタンスに参加するということを、それがもたらす快楽を数量化しようとしても、無意味だろう。なぜならこの若者にとって重要なのは、勇敢な生き方をするという行動指針であって、たとえ幸福の総量が低かったとしても、若者はこの行動指針と整合する生き方を選択しうるからである。

もしかしたら、ただ快楽の量だけで比較すれば、レジスタンスに参加するよりも、母親のもとに留まる方が、この若者にとっては望ましいのかもしれない。それでもこの若者はレジスタンスに参加するかもしれないのだ。

テイラーによれば、人間の主体性にとって決定的に重要なのは、この行動指針である。なぜなら、行動指針について内省するとき、私たちは自分にとってどのような生き方が望ましいのかを熟考することになるからである。

> 単純な計量者にとって問題となるのが、事実上の欲求によって定義されるさまざまな結末の望ましさであるのに対し、強い評価をする者にとっての内省は、行為者のさまざまな可能性のあるあり方をも検討する。動機づけや欲望は、その帰結の望ましさによって計算されるのではなく、その欲望がどのような生活や主体にふさわしいものであるかによっても数えられるのである。[3]

この点において、テイラーの行動指針は、ブラットマンの自己統制方針よりも射程の広いものである。そこで問われているのは、未来におけるある時点の目標ではなく、自分が何者でありたいのか、ということなのだ。

こうした行動指針への内省は、快楽か苦痛かという区分ではなく、「浅い」か「深い」かという区分によって、人間を捉えることを可能にする。ある選択をするとき、自らの行動指針への内省に基づいて判断する者は、深い人間として捉えられる。それに対して、そうした内省なしに判断する者は、浅い人間として捉えられる。そして、このように深い内省に基づいて行為できる、ということが、人間に対して動物とは区別される人格としての地位を与える根拠となる、と彼は指摘する。

自己解釈とアイデンティティ

「私」がある行為を自分の自由意志に基づいてなした、と見なすことができるのは、それを「私」が自らの行動指針に基づいて望んでいる、と考えることができるからだ。フランクファートの二階の欲求や、ブラットマンの自己統制方針は、この行動指針に基づいて正当化される。そして、そのとき行動指針とは、「私」が何者であろうとしているのかを示す、アイデンティティを表現する概念である。

テイラーによれば、人間とは本質的に自分自身を解釈する存在である。アイデンティティもまた、「私」が自らを何者かとして理解する、という仕方で形成される。このとき、解釈のために呼び出される枠組みが、『哲学論集I』の概念で言えば、行動指針に他ならない。

後年、主著『自我の源泉』において、テイラーはこうした人間の自己解釈的性格を、さらに深化させていく。彼によれば、人間にとってアイデンティティが問題になるのは、誰かから「あなたは何者なのか」と問われたときである。問われることがありえるからこそ、私たちは自分が自分を何者として解釈しているのかを、提示する必要に迫られる。この意味で自己解釈は、アイデンティティへの潜在的な問いかけに対する応答として、要請されるのである。

では、そのように他者から触発された自己解釈は、どのように形成されるのだろうか。テイラーは次のように述べる。

私が何者であるかを知ることとは、私がどこに位置するかを知ることの一種である。私のアイデンティティは、枠あるいは地平を提供するコミットメントと帰属によって定義される。その地平の境界の内側で、私はさまざまな場合に、何が善いのか、何が価値あるものか、何をすべきか、私は何を承認し何に反対するかといったことを決定しようと試みることができる。言い換えれば、私はその境界線の内側で、一つの明確な地位をとることができるのである。[4]

「私」が、自分は何者なのかと問い直すとき、その答えとなるのは、「私」がどのような「地平」に帰属していて、その内部において、何を価値あるものと見なしているのか、ということである。ここでいう地平とは、具体的には、共同体である。つまり私たちは、自分が帰属している共同体の価値観を望ましいと判断することで、自分のアイデンティティを形成していくのである。テイラーが一般に共同体主義と呼ばれるのは、こうした基本的な人間観によるものだろう。

ただしこのことは、「私」がどの共同体に帰属しているかによって、アイデンティティが自動的に決定する、ということを意味するわけではない。そうであるとしたら、そこに自由意志が介在する余地はなくなってしまう。そうではなく、共同体の価値観は、「私」が自己を解釈するために参照されるに過ぎない。「私」は、たとえ自分が帰属している共同体に基づいて自己を解釈するのだとしても、そのように自己を解釈すること自体が、共同体によって決定されているわけではないのだ。

地平としての物語

「私」が自己解釈するとき、その解釈の参照項として呼び出されるのは、「私」がそこにいるところのもの、つまり地平である。それは、「私」がそこにいることを自分で望んでいる地平であり、あるいは言い換えるなら、ここにいてもいいと思える地平である。ただし「私」にとって地平は強制的に与えられたものではない。なぜなら「私」は、その気になれば、自分が属している地平を反省し、それを問い直し、訂正できるからである。

この意味において地平は、たとえそれが共同体の価値観に依拠するものであるとしても、その共同体の成員に対して一様に課されるものではなく、「私」のために再構成されたものとして理解されるべきだ。もちろんそれは、共同体によってもたらされる価値を解体することにはならない。成員はあくまでも同じ地平のうちに属し、そうした価値を共有することができる。しかし、その地平のありようは、その成員の個性に基づいてローカライズされるのである。この意味において、「私」のアイデンティティは共同体の価値観へと還元されるものではない。

では、それが共同体の価値観と単純に同一視することができないとしたら、地平とは結局のところいったい何なのだろうか。彼はそれを「物語」という概念で表現する。

> これまで私は、私たちの人生に最小限の意味を与えるためには、つまりアイデンティティをもつためには、私たちは善に対する位置づけが必要であると、すなわち、質的区別ないし比較できないほど高次のものについて何らかの感覚をもつことが必要であると論じてきた。今や、善についてのこの感覚は、自分の人生を物語の展開と見なすような私の理解の中に織り込まざるをえないことが分かる。しかし、このことはまさしく、自分自身に意味を与えるためのもう一つの基本的条件、すなわち、私たちは自分の人生を物語の中で把握するということを述べているのである。[5]

「私」は自己解釈に基づいて自分のアイデンティティを提示する。アイデンティティを問い直すということは、「私」が何者であるべきなのかを探るということである。その理想は共同体の価値観に基づいて形成される。そして、「私」はその理想を指針として、自分の人生を全体として意味づけようとする。自己解釈は、自分の人生がどこへ向かっていくのか、そしてこれまでの人生がどのように展開してきたのかを、有意味な仕方で説明することになる。テイラーによれば、「私」が誰かから「あなたは何者なのか」と問われたとき、「私は、自分がどのように歩んできたか、そしてどこへ進みつつあるのかについても考えをもつ必要がある」[6]のだ。

ここでテイラーは、『哲学論集』において行動指針と呼んでいた概念を、物語という概念へと発展させる。その点において、彼はフランクファートやブラットマンらの議論に、新たな視点を付け加えているのである。

物語的な構造化

自己解釈は、自分自身を物語化することである。この発想に前提とされているのは、「私」が自己を時間的な幅を持った存在として捉えている、ということだ。いかなる物語においても、そこには時間的な継起性がある。複数の異なる場面が連関しなければ、物語は構成されない。したがって、物語として自己を解釈することは、「私」がただ現在のこの瞬間においてだけ存在するわけではないこと、現在とは異なる時間と連関しながら存在していることを前提とする。すなわち、それは今の「私」を過去と未来との連続性のなかで捉えることを意味するのだ。テイラーは次のように述べる。

〈私の現在のありよう〉は、〈私が成ったもの〉として理解されなければならない。これは通常当てはまることであって、自分がどこにいるかを知るといった日常的な事柄に関してさえ当てはまる。ふだん私は、自分がどこにいるかを知るのに、自分がどうやってそこにたどり着いたかという感覚に部分的に頼る。7

現在の「私」が何者であるかを解釈するためには、過去の「私」がどのようにして現在に至ったのかを理解しなければならない。しかし、そのように過去から現在へ至る「私」の歩みは、これから先において、「私」がどこへ向かおうとしているか、ということによって規定されている。そうした自己解釈は必然的に未来へと通じている。

このような見方は、ブラットマンの自己統制方針におけるアイデンティティの理解とは、ある点で異なっている。ブラットマンは、私たちがある長期的な計画に従事するとき、その計画を達成するために個々の行為をする「私」が、長期的な計画の同一性によって、一つのアイデンティティへと同定されると考えられる。そのとき「私」は、異なる時点において個々のアイデンティティを保持していることになる。自己統制方針は、そうした、すでに存在している個々のアイデンティティを、一つに繋ぐように作用するのである。

このようなアイデンティティの捉え方は、自己を点として捉える発想である。テイラーはこうした発想を「点的な自己」と呼ぶ。しかし、彼はそれが人間のアイデンティティを説明するものとして、不十分であると考える。なぜなら私たちは、現在とは異なる時間との連関を知ることなしに、現在の「私」を理解することができないからだ。私たちが異なる時点において個々のアイデンティティを保持するためには、その時点を別の視点との連続性から意識できなければならないのだ。

また、自己統制方針が意識されるとき、そこで呼び出されるのは、あくまでもこれから達成されるべき未来の目標に留まる。「私」がこれまでその目標に向けてどのように歩んできたか、ということは、本質的に大きな問題にはならない。それに対して、物語的な自己解釈においては過去もまた重要性を持つ。そこで問われているのは、過去と現在と未来を一つの全体として、すなわち「全体としての私の人生の形」に他ならないのだ。テイラーは次のように言う。

成長し成る存在者として、私は、自分の成熟や後退、克服や敗北の歴史を通じてのみ、自分自身を知ることができる。私の自己理解は、必然的に時間的な深さをもち、物語を取り込んでいるのである。[8]

こうしたテイラーの自己解釈をめぐる理論に基づくなら、二階の欲求説は次のように修正されることになる。すなわち、私たちは競合する複数の一階の欲求を抱きうる。二階の欲求において、私たちはそのうちどれか一つを望ましいと選択する。その選択の根拠として機能するのは、行動指針としての物語である。つまり「私」が自分の人生をどのような物語として理解しているのか、ということである。それが自覚されているか否かにかかわらず、私たちは自らの人生の物語を配慮して、一階の欲求を選択する。そうした選択によってなされる行為こそが、自由意志に基づくものとして理解されるのである。

物語の予測不可能性

このような説明に対して、次のような反論が寄せられるかもしれない。すなわち、もしも自由意志の根拠が物語なのだとしたら、人生にはあたかも小説のように決まりきった出来事の筋が存在する、人生はただその筋に沿ってだけ展開していくことになるのだろうか。そして、そうであるとしたら、そこに自由意志が介在する余地はないのではないか。

こうした反論に対して、テイラーとともに徳倫理学の旗手として知られるアラスデア・マッキンタイアであれば、次のように再反論することができるだろう。すなわち、物語は一般的な法則に支配されたものではなく、そうした法則を逸脱するもの、その意味で予測不可能なものを包摂できる、ということだ。彼は次のように述べる。

私たちが自分の人生を生き抜くのは、個人的にも相互の係わりにおいても、分かち合うことのできる未来についての何らかの考えに照らされてである。その未来とは、いくつかの可能性は私たちに前進するよう促すが、他の可能性は私たちを受けつけないような、またある可能性はすでに締め出されているが、他のものはおそらく不可避になると思われるような、そうした未来である。実際、何らかの未来のイメージによって形成されていない現在というものは存在しない。そして未来のイメージとは常に、テロスの――あるいは多様な諸目的や諸目標の――形で現前していて、それに向かって現在の時点で私たちは進んでいるか進み損ねているいずれかなのだ。予測不可能性と目的論はしたがって、人生を構成するものとして共存している。虚構の物語の中の登場人物と同じく、私たちは何が次に起こるかを知らないが、にもかかわらず私たちの人生は、未来に向けて投影されるある種の形を持っている。こうして、私たちが生き抜く物語は予測不可能な性格とある部分目的論的な性格との両者を有している。[9]

このことは、フィクションの物語を想像すれば容易に理解できる。物語とは、必ずしも決まりきった筋によって支配されたものではない。そうした物語もあるかもしれないが、それが物語の必然的な構造ではない。むしろ優れた物語には、話の展開というものがあり、その展開は時として前の場面との連続性を断ち、まったく予測されていない事態を引き起こす。しかし物語は、そうした場面間の非連続性を許容し、それ以前には決して予測されていなかった事態を、それまでの出来事の経過と連関させ、一つの全体のなかに包摂することを可能にするのである。

この意味において、人生を一つの物語として理解する、ということは、人生をある決まりきった筋に従って進行していく、起伏のない出来事の推移として解釈することではない。むしろそれは、実際に生じるまではとても予測することができないような、意外な出来事の統合として理解することを可能にする。

たとえば前述の若者は、実際にその国が暴政に支配されるまで、自分がレジスタンスに参加するか否かなどという選択に直面することを、想像することすらしていなかったかもしれない。その選択は、彼が生きてきた物語の延長線上には、もともと存在しなかったかもしれない。その意味でこの選択は、彼の生きてきた物語を逸脱し、その物語を決壊させるような出来事なのである。

しかしこの若者は、その選択をすることによって、決壊した物語を再編成する。これから彼の歩む人生の物語は、これまでとは違った未来へ向かう物語として、書き直される。そのようにして、ある物語において予測不可能な出来事は、新たな物語へと包摂され、意味づけられ直されるのだ。

物語の事後的必然性

そうであるとしたら、ある出来事が物語のなかで意味づけられるのは、その出来事が起きる前ではなく、それが起きた後である、ということになる。私たちの人生は、すでに意味が確定された出来事が予定通りに生じるのではなく、そうした予定を裏切る出来事が起きた後で、その出来事を物語へと編成していくようにして、形作られる。この意味において、人生の物語は後から形成されるのである。

哲学的物語論を発展させたポール・リクールは、ここに、物語論的なアイデンティティの理解が、決定論的な世界観と鋭く対立する点を洞察し、次のように述べている。

> 偶然性の効果を必然性の効果に逆転することは、出来事の中心で生じる。単純な生起としての出来事は、以前の出来事の経過によってつくりだされた期待をはぐらかすにとどまる。それは単に、思いもかけない、意外なことにすぎない。それがストーリーを構成する一部となるのは、その終点に達した時間の全体から発する、いわばうしろむきの必然性によって、ひとたび変容されて、事後に理解されてからのことである。[10]

出来事は、それが起こる前は、「偶然」的である。つまりそれが起こることは最初には知られていない。しかしその出来事は、それに続く出来事の系列が終わった後で、「後ろ向きの必然性」によって、物語の一部になる。言い換えるなら、出来事は事後遡及的に意味づけられるのであり、それによって物語そのものもまた訂正されるのである。

自由意志を人生の物語との連関から考えようとするとき、この洞察は極めて重要である。なぜなら、人間には自分の物語を裏切るような行為をすることがあるからだ。

たとえば、先ほどの例の若者が、母親を大切に思い、母親に恩返しすることを自分の人生の目標としているとしよう。しかし彼は、仲間からレジスタンスへの参加を求められ、断りきることができずに、それを了承してしまう。このとき彼は、自分の物語を裏切った行為をすることになってしまう。

テイラーの発想に従えば、自らの人生の物語に従って一階の欲求を評価することが、人間の自由意志の基礎である。そうであるとしたら、この若者は、それまでの人生の物語に基づく限り、望ましくないものを、選択したことになる。そうであるとしたら、この若者は自由意志に従って行為していないことになるのだろうか。そして、この選択の帰結に対して、いかなる責任も負わないことになるのだろうか。

もちろんそんなことにはならない。なぜなら、レジスタンスに参加することを決断するとき、彼の人生の物語は変わってしまうからである。本当だったら、母親の恩に報いたいと思っていた彼は、そうした自分自身を裏切ってしまったことを、新たに意味づける物語のなかで生きなければならない。ただしそれは、それまでの物語を全体として廃棄することを意味しない。それまでの物語との同一性を保ちながら、しかし、その向かうべき先が、あるいはその向かうべき先へと辿り着く仕方が、修正されるのである。

母親と暮らしていたいと思っていた彼は、その物語を裏切り、レジスタンスへと参加した。その選択が彼の自由意志に基づくものであるのは、その裏切り自体を意味づける新たな物語を、彼が生きうるからである。彼が責任の主体として、自分自身を裏切る行為に対しても責任を負うことができるのは、この意味において、物語が事後的に修正されうる弾力性を持つからである。

したがって、自由意志が基づくところの物語は、修正の余地なしに確定されたものではなく、むしろ事後的な訂正可能性へと開かれたものとして理解されるべきだろう。しかし、だからといって、自分の人生の物語に反するすべての行為が、自由意志に基づくものとして理解し直されうるわけではない。そのなかには、あくまでも自由意志に基づくのではなく、意に反して強制される行為もあるだろう。

では、行為がそのように理解される条件はどこにあるのだろうか。筆者の考えでは、それは、そもそもその選択を物語化できないときである。つまり、ある行為をしてしまったあとで、そのように行為した自分を意味づけられる物語が、形成されえないときである。

たとえば、前述の若者が、自分の選択に基づくのではなく、仲間に連れ去られ、無理やりに酒を飲まされ、酩酊状態にされた上で、レジスタンスに参加すると誓わされてしまったとしよう。このとき、彼は先ほどと同じように、それ以前の人生の物語に違反する行為をしたことになる。しかし、今度のケースでは、おそらく彼が自分の人生を新たな物語のもとで意味づけることはできないだろう。彼が受けた暴力を正当化するような人生の究極目標は、考えることができないからだ。

まとめ

第一章で定義した通り、責任とは、ある人格の行為によってもたらされた帰結を、その人格が自らの行為によってもたらされた帰結として引き受けることを要求する、道徳的な義務である。そうした帰責の根拠は、責任の主体の自発性に求められる。本章の議論を踏まえるなら、その自発性が可能であるための条件は、責任の主体が人生の物語に基づいて意志決定している、という点にあるだろう。つまり、「私」がそうした物語に基づいて自己を解釈しているということが、責任の主体であることの条件なのだ。

実際に責任が問われる具体的な場面において、この物語がどのように機能するのかを検討してみよう。前述の若者の例を再び取り上げたい。母親のもとに留まるか、レジスタンスに参加するか、という選択に苛まれる若者は、熟慮の上で、レジスタンスに参加することを選択する。この選択が彼の自発性に基づいたものである、と言えるのは、彼が衝動的にその選択をすることなく、自分の人生の物語に基づいて、レジスタンスへの参加を決断しているからである。このとき若者は、今この瞬間の自分にとって何が望ましいのかを考えるのではなく、過去から未来へと至る自分の人生の物語に照らし合わせて、その熟慮を行う。

たとえばその若者は、幼いころから現在に至るまでの、母親との記憶を呼び起こすだろう。そして、これから先、母親とどのように過ごしていきたいのか、という希望を思い描くだろう。しかし同時に、レジスタンスに関するこれまでの記憶も呼び起こされる。それは、一方においてこの若者とその国家との関係をめぐる思い出でもあるだろうし、あるいは、レジスタンスへの参加を促した他者との関係をめぐる思い出でもあるだろう。そして、その延長線上に、これから自分がその国家をどのようにしていきたいのか、ともにレジスタンスに参加しようとする他者たちとどんな関係を築いていきたいのか、という未来の展望も、熟慮されるだろう。

こうした、様々な条件をすべて含め合わせた上で、この若者は、自分がどんな人生の物語を歩みたいのか、という指針に基づいて、決断するのである。もちろん、この若者がその熟慮の過程で、そうした人生を言語的に明瞭に意識するとは限らない。しかし、そうした決断をするために熟慮するとき、暗黙のうちに、この若者は自分の人生の物語について思いを巡らせている。

注意すべきであるが、だからといって、私たちがどんなときでも人生の物語に基づいた選択をしているとは限らない。テイラーの言う弱い評価によって何かを選択するときには、私たちはそうした物語をまったく意識しないだろう。しかし、ある行為について責任が問われるような、深刻な選択の局面において、物語はその選択の前提として機能しているのである。

このような仕方で、責任を物語との概念的な連関のなかで理解することの大きなメリットは、責任の引き受けそのものもまた、人生を物語化する営みの一部として理解することができる、という点にある。「私」は、自分の行為によってもたらされた帰結を、自分の行為によってもたらされた帰結として、引き受ける。それは、自分が何をしたのかについて、自分自身を解釈するということである。「私」は、自分の人生の物語に基づいて何かの行為をするからこそ、その行為の帰結を、自分の人生へと取り込み、受け入れることができるのだ。

たとえば前述の若者が、レジスタンスに参加することを選んだとしよう。そしてそのとき、この若者は、どれだけ家族を悲しませるのだとしても、仲間とともに立ち上がり、暴力に抵抗することこそが、自分の生きるべき人生である、と考えたとしよう。そして、その選択の結果として、一人暮らしを迫られた母親が孤独のうちに亡くなったとしよう。彼は、まさにそのように母親に寂しい最期を送らせた責任が自分にあるということを、どれほど胸が痛むのだとしても、受け入れるに違いない。なぜなら、それが彼の生きる人生の物語だからである。彼は、紛れもなく、自らの選択によって母親に寂しい最期を送らせたのであり、その責任は彼にあるからだ。

この意味において、物語の概念は、責任の主体に求められる自発性の根拠であると同時に、そうした主体が責任を引き受けることを可能にするものでもある。本書は、このように物語に定位した責任概念を、伝統的責任概念から区別して、「物語的責任概念」と呼びたい。

ただし、この概念についても、解決されるべき重要な課題がある。前述の通り、物語は弾力性を持つ。それは、事後的に訂正される可能性を備えている。しかし、そうであるとしたら、結局のところ「私」は、後から物語を訂正してしまえばいいのだから、現在の物語を蔑ろにしてもよい、ということにならないだろうか。物語の訂正可能性は、かえって、物語に基づく強い評価を、機能不全に陥れるのではないか。そうした事態を回避するためには、私たちは物語の訂正可能性を、どのように理解すればよいのだろうか。

この問題を次章の主題にしよう。

1 Charles Taylor, *Philosophical Papers: Volume 1, Human Agency and Language*, Cambridge University Press, 1985.

2　これはフランスの思想家であるジャン＝ポール・サルトルが『実存主義とは何か』のなかで提示した事例をテイラーが踏襲したものである。
3　Charles Taylor, *Philosophical Papers: Volume 1, Human Agency and Language*, Cambridge University Press, 1985, p. 25.
4　チャールズ・テイラー『自我の源泉―近代的アイデンティティの形成』下川潔・桜井徹・田中智彦訳、名古屋大学出版会、二〇一〇年、三〇―三一頁。
5　同書、五五頁。
6　同書、五五頁。
7　同書、五六頁。
8　同書、五九頁。
9　アラスデア・マッキンタイア『美徳なき時代』篠崎栄訳、みすず書房、一九九三年、二六四頁。
10　ポール・リクール『他者のような自己自身』久米博訳、法政大学出版局、一九九六年、一八四頁。

第五章　回顧と訂正可能性

自分自身を物語に基づいて解釈することは、人生を決まりきった筋に従うものとして理解することではない。人生には予想を裏切る出来事が生じるし、それは物語と両立する。ただし、そうした出来事は物語に変化をもたらす。予想外の出来事を包摂する前と後で、物語は完全に同一ではない。つまり物語は訂正されるのである。

それは、見方を変えれば、いま「私」の信じている物語が、これから先に起こる出来事によって、まったく違ったものに変わってしまうかもしれない、ということでもある。物語に訂正可能性を認めるということは、特定の一つの物語を絶対化できない、ということだ。しかしそれは、そもそも物語に基づいて自己を解釈する、という営み自体を、不安定で脆弱なものにしてしまうのではないか。

本章では、このような観点から、物語の訂正可能性と責任の関係を検討していこう。

意図的行為

前章では、テイラーがフランクファートの二階の欲求説をどのように受容したのかを検討した。彼の解釈が独自なのは、二階の欲求をあくまでも他者からの問いかけに開かれたものとして捉えた点である。そして、それに対する応答は、「私」がいかに自己を解釈しているのか、すなわち「私」がそこに帰属しているところの物語によって、示されることになる。

この意味において、物語的責任概念は、人間の行為を本質的に他者から問われうるものとして捉える、ということになる。そうである以上、行為の原因となる自由意志もまた、そうした問いかけに開かれたものでなくてはならない。このとき、「私」が本当に自由意志に基づいて行為しているのか、ということは、結局のところ、一階の欲求に対する「私」の評価が、「私」が帰属しているところの物語と整合しているか否かによって、確かめられるに違いない。もしも「私」が、「私」の行為に対する問いかけに応答したとしても、その応答が明らかに「私」の生きている物語を整合しないものであれば、「私」は自分でも何をしているのかよく分かっていない、と判断されるだろう。

　そうであるとしたら、「私」の行為が自由意志に基づいているということ――言い換えるなら、「私」が責任の主体であるということ――は、他者に対して自分が行為した理由を説明できる、という点から説明される必要がある。

　こうした発想は、エリザベス・アンスコムによって提起された行為論を連想させる。彼女は主著『インテンション』において、人間が自らの意図に基づいてなした行為を、「意図的行為」と呼び、それを次のように定義している。


　　意図的行為とはそれに対し特定の意味で「なぜ」の問いが適用されるような行為のことだ。[1]

　アンスコムによれば、意図的な行為とは、それに対して理由を説明できるような行為である。それは、言い換えるなら、その行為をした後で、なぜそのように行為したのかを問われたとき、自分でも理由を説明できないなら、その行為は本人の意図に基づく行為ではない、ということだ。

こうした説明は、人間の意図的な行為を、あくまでもコミュニケーションと相関するものとして捉えている点で、革新的な発想であると同時に、相当の説得力を持っているように思える。たとえば「私」が他者を殴った後で、その他者から「なぜ私を殴ったんだ」と問われたとき、「自分でもなぜ殴ったのかわからない」と「私」が答えるなら、「私」は殴ることを自分で意図したとは思われないだろう。そのとき「私」は自分でも制御することのできない衝動に駆られたのであり、殴ることを選択したとは見なされないだろう。

ただしこのことは、その行為への問いに対して実際に回答される行為だけが意図的行為である、ということではない。「私」は、本当は、「誰でもいいから殴りたかったから」という理由で、他者を殴ったのに、「自分でもなぜ殴ったのかわからない」と嘘をつくかもしれない。しかし、それでも「私」には、殴った理由を説明することはできたはずであり、その可能性が開かれている時点で、その行為はやはり意図的行為なのである。

あるいは反対に、他者から実際に何も問われなかったとしても、事態は同じである。「私」から殴られた他者は、「私」に何も問うことなく、その場を立ち去るかもしれない。しかし、何も問われなかったとしても、その行為が意図的であることには変わりがない。

なぜなら「私」は、もしも問われていたら、行為の理由を答えることができたはずだからである。

意図的行為と回顧

こうしたアンスコムの行為論は、見方を換えれば、行為が必然的に回顧されうるものである、ということを前提にする。なぜなら、ある行為について問い、またそれに答えることができるのは、その行為が行われた後で、その行為が行われた理由を反省するときであるからだ。もしも、そもそも「私」に自分の行為を回顧することができなければ、「私」には自分が行為した理由を他者に説明することはできないだろう。この意味において、自分の行為について、回顧は自由意志の可能性の条件である、と考えることができる。

アンスコムは、このように行為を回顧することによって、自分がその行為をした理由を説明することを、実践的推論と呼ぶ。つまりそれは、自分が行為をした理由を、次のような論理的な形式に置き換えて理解する、ということである。

・私は誰でもいいから他者を殴りたかった
・目の前にその人がいた
・したがって、私はその人を殴った

しかし、もしも行為の動機が実践的推論として理解されるなら、そこには一つの問題が生じる。もしもその推論が論理的に正しいのだとしたら、その推論によって得られた論証は、無時間的なものであるはずである。無時間的ということは、言い換えるなら、時間に応じて変化しないということだ。たとえば、極端なことを言えば、「一＋一＝二」という命題の正しさは、時間によって変化しない。それは、今日だけは正しいが、明日には間違ったものになる、とは考えられない。これと同様に、実践的推論もまた、今日だけは正しいが明日には間違ったものになる、と考えることはできない。

つまり、他者を殴ったことに関する右の論証が正しいのだとしたら、それはどんなときでも正しいのである。その論証の内容が、今日は正しいが、明日には間違ったものになる、ということは考えられない。それは時間のなかに位置づけることができない。

しかし、もしもそれが時間のなかに位置づけられないものだとしたら、それが行為に先行して生じることもまたない、ということになってしまうのではないか。このような観点から、瀧川は行為の理由づけは、その行為がなされた後で、事後遡及的に構成される、と解釈する。

理由過程は無時間的である。理由過程は、行為に時間的に先立って遂行される内的過程ではない。すなわち、理由過程は行為の「原因」ではない。理由過程において導出した理由が行為の「理由」となる。この理由過程は、行為後に、過去に遡って、行為において遂行されていた過程として構成される。[2]

しかし、そうあるとしたら、なぜ「私」が他者を殴ったのか、ということは、実際に他者を殴ったあとで構成されうるということになる。言い換えるなら、実際に他者を殴る前には、「私」は自分がなぜ他者を殴るのかを、まったく理解していないにもかかわらず、他者を殴った後で、その理由を初めて理解するということがありえる、ということになる。

回顧の虚構性

古田は、こうした解釈を、意図的行為の回顧を虚構として理解するものとして、批判する。なぜなら、このような解釈を採るとき、「私」は実際には何の意図もなしに行為するのに、その行為をした後から、本来は存在しなかった意図を「構成」できてしまうことになるからだ。しかし、彼はそうした解釈に対して、次のように反論する。

> 行為後に行為前の状況について回顧することは、行為前の状況をつくること——創作することと、でっちあげること——だとは限らない。なぜなら、我々の知る過去はすべて回顧されたものだからである。我々は皆、例外なく、いまこの現在に生きている。誰も、過去にタイムスリップして過去の出来事について現在進行形で語ることはできない。[3]

つまり、行為がなされた理由が、回顧によって説明される他ないのだとしても、それは、行為が行われる前には、何の理由もなしに行為が行われており、それが後から事後遡及的に構成されるわけではない。なぜなら「私」は現在においてしか物事を語りえないからだ。したがって、回顧によってしか行為の理由が理解されえないということは、その理由を「私」が行為に先立って理解しており、その行為をする原因とした、ということを、必ずしも排除しないのである。

古田によれば、瀧川に代表される、行為の理由を事後的に構成されたものと捉える立場は、決定論が前提とする機械論的な自然観に接近していく。なぜならそうした立場は、行為の理由を事後的に構成される虚構として説明することで、実際に行為が行われる原因を、そうした理由とは別の原理によって説明しうるからである。そうであれば、たとえば、実際には人間は機械論的に行為しているにもかかわらず、その行為がなされた後で、適当な理由を考えて、それを自由意志に基づく行為だったということにする、ということが可能になる。そうであるとしたら、この説明は欺瞞以外の何物でもないだろう。

しかし、筆者の考えでは、行為の理由が事後的に構成される、ということが必ずしも決定論に依拠するとは限らない。たとえば、行為がなされる前に、「私」が何らかの理由に基づいて行為したにもかかわらず、行為がなされた後で回顧すると、その理由は間違ったものであり、「私」が実は別の理由で行為していたことが明らかになることは、ありえるからだ。

たとえばその例として、次のような事態を考えることができるだろう。

あるとき「私」が友達に、その友達が交際している恋人と別れるべきだ、とアドバイスしたとしよう。その行為をする前まで、「私」は、その友達の恋人が、その友達にとって明らかに望ましくない、と考えていた。したがって、友達のために、友達の幸福を願って、「私」は友達にアドバイスをした。友達はアドバイスにしたがって恋人と別れた。それによって「私」は、友達がそれまで恋人と一緒に過ごしていた時間分、友達と長く一緒に遊べるようになった。しかし、それによってかえって意見のすれ違いが起き、喧嘩をする頻度も多くなっていった。やがて「私」は、かつて自分が友達に恋人と別れるようアドバイスをしたのは、実は友達のためではなくて、ただ自分が友達を独占したいからに過ぎなかったからだ、と考えるようになった。「私」は、本当は、友達の幸福などどうでもよかったのかもしれなかった。しかし、「私」がそんなことをして、友達との距離感を変えてしまったせいで、かえって友達との関係はうまくいかなくなってしまった。

この行為において、実践的推論は行為の前と後で大きく変化している。行為の前に「私」が自ら理解していた行為の理由は、次のようなものだ。

・私は友達の幸福を願っている
・友達の恋人は明らかにその友達にとって望ましくない
・したがって、友達に恋人と別れるべきだとアドバイスする

こうした行為の理由づけは完全に合理的である。しかし、行為がなされた後では、この理由は次のように変化している。

・私は友達を独占したい
・友達には恋人がいる
・したがって、友達に恋人と別れるべきだとアドバイスする

この二つの理由づけは同時に両立しない。なぜなら、「私」は実際に行為をして、友達との関係を悪化させた後、最初から友達の幸福など自分にとってはどうでもよかった、と考えるようになっているからである。このようにして回顧は、行為がなされる前の理由づ

けを刷新してしまうのである。

正しさの正しさ

　しかし、友達を独占したかった、という「私」の動機が、本当の動機だったという保証はない。なるほど、そのとき、「私」がそう思ったことは本当かもしれない。そしてそれは、行為をする前に「私」が理解していたところの動機は、つまり「友達の幸福を願っている」という動機は、間違っていたということを意味する。行為をする前の理由づけは、本当ではなかったということになる。しかし、行為をする前は、その理由づけこそが本当だと思っていたはずだ。そうである以上、「私」は行為することによって、もともと本当だと思っていた理由を間違ったものとして再解釈することになる。

　しかし、少し複雑な表現になるが、「友達を独占したかった」という動機は、本当に正しかったのだろうか。言い換えるなら、「友達の幸福を願っている」という動機は、本当に間違っていたのだろうか。「私」は、あるとき正しいと思っていた動機を、後から間違っていたと見なすことがある。そうであるとしたら、その正しいか間違っているかを判別する基準の妥当性は、どのように説明されるのだろうか。

一つの考え方は、次のようなものだ。すなわち、自分の行為の理由に関する解釈が、あるとき最終的なものとして確定され、それ以降、何度回顧したとしても変わらないとき、つまり解釈が不変であるときに、その解釈は正しいということになる。

しかし、それでは、ある行為の理由に関する解釈が不変であるということを、どのようにして確かめることができるのだろうか。たとえば、「友達を独占したかった」という「私」の動機は、果たして不変的だろうか。今後それを覆すような本当の動機は見つからないと、言い切ることができるだろうか。

この問いに対して、私たちは、それは大いに疑わしいと言わざるをえないだろう。もしかしたら、さらに時間が経てば、「私」の行為の理由を説明する、もっと説得力のある解釈に気づき、「友達を独占したかった」という「私」の動機は、本当は間違っていたと考えられるかもしれない。それどころか、「私」は実はやはり「友達の幸福を願っていた」のであり、それを間違いだと見なしたこと自体が間違いだった、と考えるようになるかもしれない。そうしたことが起こりえないということは、決して保証できない。

自分がなぜ行為をしたのか。それに対して、いま「私」が考えている動機が、どれほどもっともらしく、正しいもののように思えたとしても、それはその動機が最終的に確定されたものであることの根拠ではない。なぜなら、「私」は後からその正しさを訂正することができるからだ。その可能性を考慮に含めるなら、「私」は、自分が正しいと思っている自分の行為の動機が、本当に正しいのかを確かめることができない。そうであるとしたら、「私」は結局のところ、自分が何をしているのかわからない、ということになってしまうのではないか。そしてそれは、「私」は自由意思に基づいて行為することができない、という帰結に至ってしまうのではないか。

もちろん、そうはならない。その理由は、たとえ最終的に確定することができなかったとしても、それが「私」の行為の動機が正しくない、ということの理由にはならないからだ。

言い換えるなら、私たちは、自らの行為の動機に関する解釈が、後で間違ったものに変わるかもしれない、ということを前提にした形でしか、意図的行為をすることができないのである。

訂正可能性

意図は後から改められうる。このことは、アンスコムの師であり、二〇世紀においてもっとも大きな影響力を持った哲学者の一人であるルートヴィヒ・ウィトゲンシュタインの哲学を介在させることで、より見通しやすくなるだろう。

ウィトゲンシュタインは、『哲学探究』において、言語ゲーム論と呼ばれる独自の言語理論を提唱した。その基本的な発想は、次のように要約することができるだろう。伝統的な言語観では、言葉はそれが表す対象と必然的な対応関係を持つ、と考えられていた。そうした対応関係に基づいて、ある対象はある語で表されるし、またその語は定義される。しかし、彼はこのような考えに異を唱える。むしろ、ある語が何を表すのか、ということは、人々がその語をどのように用いるのか、という点からしか説明できない。そうした語の用いられ方は、その語が用いられる状況によって異なる。したがって、言葉を使う者がどのような状況にいるかによって、同じ語であってもそれが表すものは変わってしまう。このように、状況によって規定された言語のやり取りを、ウィトゲンシュタインは「言語ゲーム」と呼ぶのである。[4]

ただし、だからといって人々は、自分がどんなゲームのルールに基づいて言葉を使っているのかを、完全に理解しているわけではない。むしろ、そうしたルールは常に開かれたものであって、状況によって変化したり、新たに作り直されたりする。したがって、たとえ語が、どのように用いられるかによってその意味が規定されるのだとしても、そのように意味を規定する用法は、一意に確定できるわけではない。その用法は変化しうるものであり、そうである以上、語の意味もまた変化しうるものなのだ。そして、そのように語の用法が変化するということは、その語によって何かを語ることを不可能にするわけではない。つまり私たちは、自分の使用している語が、自分が使用しているのとは違った用法で使用されることを前提として、それを使用しているのである。

このことは、私たちがこれまで検討してきた、意図を確定させることが不可能であるという問題とも重なりあう。「私」がある行為をした動機は、もしかしたら、後で変化するかもしれない。しかし、そのように動機が改められる、ということは、決して自分の動機をなにがしかの仕方で解釈すること自体を不可能にするわけではない。むしろ動機は、そうした事後的な再解釈の可能性を前提にすることでしか、解釈されえない。

東浩紀は、こうしたウィトゲンシュタインの言語ゲーム論を、「規則も意味も本当は実在せず、現在の行為を支えているはずの規則や意味は、未来の行為に照らしていくらでも論理的に遡行的に書き換えることができる」という思想として理解し、ここから、言葉の意味が「いかなる行為とでも調和するように解釈することができる」という性質を、「訂正可能性」と呼ぶ[5]。

前章で述べた通り、そもそも物語は弾力性を持つ。物語に決まりきった筋はなく、それは常に予想外の出来事へと開かれている。そうした出来事を包摂することによって、物語は再組織化されていくのだ。その意味において、物語は訂正可能性を持つ、と言えるだろう。

歴史修正主義とのせめぎ合い

東は訂正可能性を、あくまでも私たちがコミュニケーションにおいて不可避に前提とせざるをえない、言語の使用条件として説明している。しかし、その一方で彼は、訂正可能性を「現実を『再解釈』するために使うべき」[6]という、ある種の倫理的な規範としても使用している。彼は、そうした力を発揮することで、硬直化した大衆社会の言説に柔軟な思考を可能にしようとする。

しかし、このような考え方には疑問が寄せられるとしても不思議ではない。なぜなら、もしも訂正可能性が言語の条件であるとしたら、私たちのコミュニケーションに訂正が起こらないことはありえないからだ。もしも、私たちが「訂正する力」を発揮しないことで、言語の訂正可能性を停止させることができるなら、それはそもそも訂正可能性が言語の条件ではなかったということになり、理論の基礎を覆すことになる。したがって、たとえ一見すると訂正可能性が機能していないかのように見えるコミュニケーションにおいても、訂正は常に起こり続けているのであり、それが訂正されていないかのように見えるのは、別の点に問題があるからだと考えるべきだろう。

また、もしも訂正する力を倫理的規範として捉えるのだとしたら、それは同時に別の問題を喚起することになる。訂正とは、言葉の意味を——本書の概念で言えば、物語を——事後遡及的に書き換えることだ。そして「私」がそうした訂正を自分の力で完全にコントロールできるなら、それは、物語を自分の都合のよいように書き換えることを、許容してしまうのではないだろうか。つまり、物語は後でいかようにでも訂正できるのだから、現在において「私」が依拠している物語から物事を評価する必要はない、という態度を醸成してしまうのではないだろうか。

これは、いわゆる歴史修正主義の問題と結びつく。現在の「私」が何をしようとも、それを後からなかったことにできるなら、過ちを犯すべきではないという「私」の良心は有効に機能しなくなる。また、物語が訂正されてしまえば、「私」は自分の過ちを過ちとして認めないこともできる。言うまでもなく、それは自分の行為を引き受けようとしない態度、すなわち無責任な態度に他ならない。もちろん、物語が訂正されているのだから、その時点では、「私」は自分の行為を過ちとして引き受ける必要はない、というロジックは成り立つ。しかし、そうしたロジックを認めるなら、この発想は歴史修正主義へと接近していく。

これに対して東は、訂正可能性を歴史修正主義からあくまでも区別しようとする。彼は次のように述べる。

> ちなみに「訂正」と似た言葉に「修正」（revision）がありますが、〔…〕本書では採用していません。その理由は、「歴史修正主義」（historicalrevisionism）という評判の悪い用語があるからです。それはいままでは、「アウシュビッツにはガス室はなかった」「従軍慰安婦はいなかった」といった、おもに保守側による歴史の捏造を意味

する言葉として使われています。この文脈での「修正」は、現実から目を逸らし、記憶をなくしていく行為です。

訂正する力は歴史修正主義とは異なるものです。本書はけっして、過去を都合よく修正するのが大事だと主張する本ではありません。訂正する力は、過去を記憶し、訂正するために謝罪する力です。歴史修正主義は過去を忘却するので、訂正もしなければ謝罪もしません。この違いはしっかりと意識するようにしましょう。[7]

東によれば、歴史修正主義は「現実から目を逸らし、記憶をなくしていく行為」であって、「過去を都合よく訂正する」ものである。それに対して訂正は、現実を直視し、現実を記憶することによって、機能するものである。したがって、歴史修正主義と訂正可能性を区別しているのは、それが現実の直視に基づいているのか否か、という点にある。

こうした区別は、私たちがそれをどのように眺めるのか、ということから独立した形で、現実が実在しており、それによって認識を照合できる、という存在論的前提に基づいている。この意味において、その現実はいかなる物語をも超越している。そして物語がその現実に基づいているのであれば、それは恣意的に修正されたものではなく、適切な仕方で訂正されたのだ、ということになる。

しかし、このように、物語の外側に現実が実在するという発想こそ、まさにウィトゲンシュタインが拒絶したものである。私たちが語ることは、私たちがそれをどのように語るのか、という観点からのみ定義されるのであり、語られたものとの対応によって定義されるのではない。したがって物語を照合できる超越的な現実はそもそも存在しない。その前提を廃棄するなら、訂正可能性という概念の妥当性そのものが掘り崩されることになるだろう。

悪の陳腐さ

筆者は、だから、言語の前提に訂正可能性があるという彼の指摘が、間違っているとは思わない。問題なのは、それが倫理的に望ましくない形で、つまり責任を引き受けることを阻害する形で機能することもある、ということだ。

第二次世界大戦の破局のなかに、こうした問題をいち早く洞察していたのが、政治思想家のハンナ・アーレントだった。彼女は、ナチスドイツによる組織的な大量虐殺がなぜ引き起こされたのかを分析している。それは、人類の歴史において類を見ない巨大な犯罪であり、そこには極めて凶悪な意志を持った、怪物のようなリーダーがいたに違いない。普通の人間にはそんなことはできないだろう。私たちの多くはそのように考える。しかし、アーレントはこのような発想を根本から覆す。彼女は、大量虐殺において主導的な役割を果たした将校アドルフ・アイヒマンを「悪の陳腐さ」と形容するのだ。

陳腐であるということは、言い換えるなら、どこにでもあるということであり、この意味においてアイヒマンは普通の人間である、ということだ。もちろん、彼には突出した実務的な能力があったが、その思考力は、当時の普通の人々と同じ程度のものだった。彼女はそう主張するのである。

このことは、言い換えるなら、アイヒマン以外の人々、当時のドイツで暮らしていた普通の人々もまた、アイヒマンと同様に「悪の陳腐さ」に染まっていたかもしれない、ということでもある。実際にアーレントは、「いかなる信念もなく、ただ当時の体制に『同調した』だけの人々の行動によって、真の道徳的な問題が発生したことを見逃すべきではない」[8]と指摘している。したがって、普通の人々にはあんな恐ろしいことはできない、という認識は、改められなければならない。なぜなら、そうした認識を持っている限り、普通の人々が凶行に荷担するという事態を現実として想像できなくなり、その結果、そうした事態に備え、それを回避することもまたできなくなるからだ。

しかし、アーレントは何をもって、当時のドイツの人々を、いかなる信念もなしにただ体制に同調するだけの存在として捉えていたのだろうか。彼女がそう主張するのは、そうした人々が、ナチスドイツの解体によって急速にその価値観を変容させたからである。

道徳性がたんなる習俗の集まりに崩壊してしまい、恣意的に変えることのできる慣例、習慣、約束ごとに堕してしまうのは、犯罪者の責任ではなく、ごく普通の人々の責任なのです。こうした普通の人々は、道徳的な基準が社会的にうけいれられている間は、それまで教え込まれてきたことを疑うことなど、考えもしなかったでしょう。この問題、この事実が提起する重要な事態は、ドイツの国民がナチスの教義を信じつづけたわけではないこと、わずかな期間の予告だけで、「歴史」がドイツの敗北を告げただけで、もとの道徳性にもどったことです。[9]

なぜ、ナチスドイツが解体すると、人々は「もとの道徳性」に戻ったのだろうか。もしも人々がナチスドイツを自らの信念に基づいて支持していたのだとしたら、人々はたとえ国家が解体したあとでも、その信念を持ち続けていただろう。しかし、そうした信念を持っていたわけではなかったから、言い換えるなら、特に何も考えることなく同調していたから、人々は国家が解体するとその価値観をあっさりと捨て去ることができたのだ。そうであるがゆえに、そうした人々もまた「悪の陳腐さ」の一翼を担っていたと、アーレントは考える。彼女はこうした事態を、道徳性が「単なる習俗の集まり」へと変容し、「恣意的に変えることのできる」ものへと堕落する事態として捉える。

　この意味において、訂正可能性は悪の陳腐さを促進させる可能性がある。アーレントが指摘する普通の人々は、ナチスドイツの価値から「もとの道徳性」へと、倫理を訂正したことになる。しかしその訂正が思考に基づいていない以上、反対の方向へ、つまり「もとの道徳性」からナチスドイツの道徳性へと倫理を訂正することもまた、起こりえる。もちろん、訂正可能性が常に悪の陳腐さと結び付くとは限らない。問題なのは、結び付く可能性もある、ということなのだ。だから、訂正可能性を倫理的指針として全面的に擁護することは、おそらく危険な発想である。むしろ私たちは、訂正可能性が悪の陳腐さへと飲み込まれないようにするための、別の倫理的指針を必要としているのではないだろうか。

まとめ

本章では、物語の概念が持つ弾力性について、そしてそれが責任を引き受けるという行為にとってどのような意味を持つのかについて、考察してきた。

物語的責任概念は、自らの行為について、「私」が他者から、なぜそう行為したのかを問われうるということを前提としている。しかし、そうした問いに応答することは、行為が行われた後で、その行為について回顧することを必要とする。したがって、物語的責任概念は、責任の主体が回顧できることを前提にする。

しかし回顧は、行為の理由を別様に解釈することを可能にする。そのような解釈の多様性のなかで、この解釈こそが決定的に正しいと呼べるような基準は、基本的には存在しない。なぜなら、物事の意味に関する解釈を最終的に確定させることはできないからだ。それが何であったとしても、意味は事後的に訂正可能である。そうした訂正可能性は、人間の言語に備わる構造的な条件なのである。

そして、それは同時に、私たちが責任の主体であることを妨害しもする。物事の意味が訂正可能だからこそ、私たちはそうした意味について思考することなく、ただ訂正されていく意味に適応するだけになってしまうからだ。たとえばそれが、アーレントが「悪の陳腐さ」と呼ぶ事態を可能にする。

「私」は自分の人生を物語として理解する。しかしその物語は後から訂正されうる。そうであるとしたら、あるとき、ある物語に基づいてなした自分の行為の意味が、訂正された別の物語のもとでは、まったく違った意味を持つ行為として理解されるようになる。このとき、「私」はそのように訂正されてしまった行為を、自分の行為として、なぜ引き受けることができるのだろうか。

あるいはこのことは、次のような別の問題も引き起こす。いま、それによって「私」が自分を理解しているところの物語は、時間の変化とともに変化してしまう。そうであるとしたら、「私」はなぜ、いまのこの物語に基づいて、何らかの行為をしようと思えるのだろうか。どうせ物語は変わってしまうのだから、その物語を成り立たせるために望ましい判断をしても、意味がないと、なぜ思わないのだろうか。

物語的責任概念は、物語の訂正可能性を前提とする。しかしそれは、ただ訂正可能性を倫理的指針として活かすべきである、という主張に至るわけではない。むしろ、私たちが、責任を引き受けるという行為を、物語の訂正可能性と両立させようとするなら、訂正可能性に対して何らかの態度をとり、それを統御していかなければならない。

では、それはどのようにして可能になるのだろうか。

1　G．E．M．アンスコム『インテンション――行為と実践知の哲学』柏端達也、岩波書店、二〇二二年、三六頁。
2　瀧川裕英『責任の意味と制度――負担から応答へ』勁草書房、二〇〇三年、一〇四頁。
3　古田徹也『それは私がしたことなのか――行為の哲学入門』新曜社、二〇一八年、一〇八頁。
4　L．ウィトゲンシュタイン『哲学探究』鬼界彰夫訳、講談社、二〇二〇年。
5　東浩紀『訂正可能性の哲学』株式会社ゲンロン、二〇二三年、五四頁。
6　東浩紀『訂正する力』朝日新聞社出版、二〇二三年、四三頁。
7　同書、五九－六〇頁。
8　ハンナ・アレント『責任と判断』ジェローム・コーン編、中山元訳、ちくま学芸文庫、二〇一六年、九一頁。
9　同書、九一－九二頁。

第六章　許しと約束の力

物語の概念が不可避の前提とせざるをえない訂正可能性は、翻って私たちが責任を引き受けることを妨げる。そうであるとしたら、私たちはこの訂正可能性とどのように向き合うべきなのだろうか。

これに対する一つの答えは、次のようなものだろう。すなわち、「私」が責任の主体であることと両立できるように、物語の訂正の仕方をコントロールするということである。しかし、果たしてそんなことが可能なのだろうか。前述の通り、アーレントは第二次世界大戦の前後で、人々の道徳性が意図も簡単に訂正されたことを指摘した。しかしその訂正において、普通の人々は何も思考していなかった。そうである以上、そうした人々は自らの力で訂正を果たしたわけではない。ただ、周りに流されるがままに、自分の道徳性が訂正されるに任せたのである。

そうであるとしたら、アーレント自身は、この問題についてどのように考えていたのだろうか。それを、本章の主題にしていこう。

「だれ」の暴露

アーレントは、テイラーらと同様に、人間が何者であるかを理解するために、欠かすことができない概念として物語を理解していた。

他者を理解しようとするとき、私たちはさしあたり何に注目するだろうか。多くの場合、私たちが関心を寄せるのは、その人の属性が何であるのか、ということだろう。たとえば、何歳なのか、どんな性別なのか、どんな職業なのか、といったことだ。実際、それによって、日常における他者の理解は概ね達成できる。たとえば、筆者を例にとれば、戸谷洋志は三六歳で男性の大学教員である。このとき、「三六歳」、「男性」、「大学教員」といった概念の組み合わせによって、筆者は説明されている。

しかし、この三つの概念は、いずれも筆者にとって本質的な事柄ではない。筆者は、常に三六歳ではないし、これからも変わらずに男性でいるとも、あるいは大学教員でいるとも限らないからだ。あるいはそれは、筆者をそれ以外の人々から区別するものとして、言い換えるなら、かけがえのない個人として説明するものでもない。なぜなら、三六歳で男性の大学教員は、筆者以外にも存在するからである。このように説明されるとき、筆者は、無数にいる三六歳で男性の大学教員のなかの一人として、他の誰であってもよい一つのサンプルとして、語られることになる。

それでは、筆者が誰であるのかということを、本質的に、かけがえのない個人として説明することは、どのようにして可能になるのだろうか。それを達成するために、筆者を説明する属性を精密にしていっても、根本的な解決にはならない。たとえば、戸谷洋志は、三六歳で男性で大学教員で、身長が一七〇センチで体重が六五キロで、大阪に住んでいて趣味が読書の人間である、と言っても、問題は変わらない。そうした人間は筆者以外にも存在しうるからである。

もちろんこのことは、実際に、筆者の属性をすべて兼ね備えた他者が存在する、ということを意味するわけではない。もしかしたら、戸谷洋志という名前で、三六歳で男性で大学教員で、身長が一七〇センチで体重が六五キロで、大阪に住んでいて趣味が読書の人間は、筆者しかいないかもしれない。しかし問題なのは、そうした人間は潜在的には他にも存在する、ということである。

そうした潜在的な代替可能性を前提にすれば、「私」が何者であるかを属性によって説明することはできない。アーレントは、このとき属性に相当する概念を「なに（what）」と呼び、それが決して「正体（who）」を開示しえない、と主張する。

周知のように、哲学は人間の定義を求めようとして、いずれも失敗している。右の失敗は、この哲学上の失敗と密接に結びついているのである。哲学の場合、すべての定義は、人間とは「なに」（〝what〟）かについての判断なり解釈である。いいかえると、これは、人間が他の生きものと共有することができる特質についての判断なり解釈である。ところが本来、動物と違う人間の特徴は、人間の「正体」（〝who〟）はどのようなものであるかという判断の中に見いだされるものである。しかし、このような哲学上の難問は別にしておこう。だが、それでもやはり、活動と言論の流れの中で示されるままに、ある人物の生き生きとした本質を、いわば言葉で定着させようとしてもできないのである。[1]

なぜ、人間の正体を属性によって説明することができないのだろうか。結論から言えば、それは、「私」がかけがえのない存在であり、この世界に新しい存在として出生するからだ。「私」は、これまで生まれてきた、いま生きている、そしてこれから生まれてくる、どんな人間とも異なっている。それに対して属性を表現する語彙は、誰に対しても適用できるものであり、そうした「私」の唯一性を表現できないのである。

人間の根本的な唯一性は、「私」がこの世界に初めて出生してきた存在である、という事実に根差している。この意味において、「私」の出生は新しい始まりをもたらす出来事である。同時にそれは、この世界に存在する人々が、みんな、それぞれ別の存在であるということをも意味する。「私」がこの世界で一人しか存在しえないように、他者もまた、一人一人が唯一の存在である。このように、この世界に存在する人間がそれぞれ唯一の存在であり、同じような人間が一人として存在しない、という性質を、アーレントは人間の「複数性」と呼ぶ。そして、こうした複数性を前提としながら、「私」が自分とは異なる他者と関わりつつ、この世界で新しく何かを始めることを、「活動（action）」と呼ぶ。「活動は、出生という人間の条件に最も密接な関連をもつ」。なぜなら、「誕生に固有の新しい始まりが世界で感じられるのは、新来者が新しい事柄を始める能力、つまり活動する能力をもっているからにほかならないから」である。[2]

そうであるとしたら、「私」の正体は、「私」がこの世界にどんな新しい始まりをもたらしたのか、ということによってしか、表現されえない。「それは、『なにか』の『始まり』ではなく、『だれか』の『始まり』であり、この『だれか』その人が始める人なのである」。[3]そして、このように活動へと従事する人間を表現する様式こそ、物語に他ならないのだ。

たとえば、戸谷洋志が三六歳で男性の大学教員だとして、どのような経緯で、なぜそのような仕事に就いたのか、その仕事に就くまでにどんな人生を歩んできたのか、そして仕事で関わった人にどのような影響を与えたのか、ということが叙述されることで、初めて戸谷が何者であるかが理解されるようになる。こうしたアーレントの発想は、人間のアイデンティティを人生の物語に基づく自己解釈から説明したテイラーのそれと、ある意味でよく似ている。

物語の制御不可能性

しかし、テイラーと比較したときにアーレントの物語概念が持つ大きな特徴は、次の点にある。すなわち、人間が活動によって自らの人生の物語を形成するのだとしても、それは、その人間が物語を自由に作り出せるということを意味するわけではない、と考えられていることだ。人間は、物語の登場人物として自らを理解することはできるが、しかし、自分の物語の作者になることはできない。彼女は次のように述べる。

> なるほど、だれでも、活動と言論を通じて自分を人間世界の中に挿入し、それによってその生涯を始める。にもかかわらず、だれ一人として、自分自身の生涯の物語の作者あるいは生産者ではない。いいかえると、活動と言論の結果である物語は、行為者を暴露するが、この行為者は作者でも生産者でもない。言論と活動を始めた人は、たしかに、言葉の二重の意味で、すなわち活動者であり受難者であるという意味で、物語の主体ではあるが、物語の作者ではない。[4]

なぜ、人間が自分の物語の作者になることはできないのだろうか。その理由は活動という営みの基本的な構造にある。活動は、複数性を持った人々が唯一の存在として関わり合う営みである。人々はそこで、それぞれ、前例のない新しい存在として関わり合う。しかし、前例がないということは、それぞれが何を考え、どのように行動するか、ということが、予測できないということを意味する。したがって、活動は往々にして予想外の結果をもたらすことになる。「この環境の中では、一つ一つの反動が一連の反動となり、一つ一つの過程が新しい過程の原因となる」[5]。だからこそ、活動は必ずその過程で内部から攪乱されていく運命にある。

もしも、「私」が活動を始める前に構想していた通りに、すべての活動が完了してしまったとしたら、その過程で「私」が関わった他者たちは、最初に「私」が想像していた通りの存在であった、ということになる。そのとき「私」は他者たちが何者であるかを予想していたことになる。しかし、まさにそうした予想を裏切るということが、人間が前例のない存在であること、つまり新しい存在であるということの意味なのだ。そうである以上、もしも「私」が本当に人間存在の複数性を前提として活動を試みるなら、それを始める前の「私」の構想は、他者たちによって狂わされ、思ってもいなかった方向へと導かれるのでなければならない。あるいは、方向性を維持しようとするなら、活動のあり方を調整し、軌道修正しなければならない。

したがって、「私」の活動がどんな物語を形成するのか、ということは、活動を始める前にはわからないし、活動をしている最中にもわからない。それが判明するのは、すべての活動が終わった後である。アーレントは、このように物語が事前には予測できないという性格について、次のように述べる。

これ〔物語が事前には予測できないということ＝筆者〕は、単に、ある特定の活動の論理的帰結は、いずれも予見できないという問題ではない。このような問題なら、電子計算機が将来を予見できるだろう。そうではなくて、この不可予言性は、活動の結果である物語から直接生じているのである。物語というのは、行為の束の間の瞬間が過ぎ去った途端に始まり、その時になって、物語は物語になる。そこで、厄介なのは、活動の結果として語られる物語の人物や内容がどんなものであろうと、またそれが、私的生活で演じられようと、公的生活で演じられようと、さらにそこに関係する活動者が多数であろうと少数であろうと、いずれの場合をとってみても、活動の意味が完全に明らかになるのは、ようやくその活動が終わってからだということである。[6]

アーレントによれば、人間の活動が作り出す物語は、事前には予測できない。ただしそれは、「ある特定の活動の論理的帰結」ではない。彼女が指摘するように、それは「電子計算機」によって、今日の例で言えば、人工知能によって予測することができる。そうではなく、予測不可能なのは、その活動の物語的な意味、つまりその活動に関わった人間が何者として自らを表現することになるのか、ということだ。

訂正可能性の制御不可能性

こうしたアーレントの物語の概念は、その訂正可能性に対する完全な制御の力を、人間に認めない。「私」には、自分の物語がどのように訂正されるかを、自分でコントロールすることができない。その理由は単純である。物語は他者との関係のなかで形成される。しかし他者は複数性を持った存在であり、「私」にとって予測不可能な存在である。他者は常に、「私」の行為に対して、「私」が思いもよらなかったような反応を示す。しかし、それによって「私」の行為の意味は形成され、物語に新しいエピソードが書き加えられていくのだ。

反対に、もしも「私」に、自分の物語をどのように訂正するかを制御する力があるのだとしたら、そのとき「私」は、自分が関係する他者の複数性を否定していることになる。なぜなら、物語がどのように訂正されるのかを制御できる、ということは、「私」の行為に対して他者がどのような反応を示すかを予測できる、ということであり、そのようにして、他者を予測可能な既存の事例へと還元し、その存在の根本的な新しさを否定しているからである。言うまでもなく、それは暴力であるし、そもそも活動でもない。

したがって、訂正可能性はその制御不可能性を前提とする。それは、物語の訂正を可能にする人間の活動が、そもそも制御不可能だからである。しかし、逆説的なことに、こうした制御不可能性は、むしろ活動そのものを危うくしもする、とアーレントは指摘する。

活動の制御不可能性は、活動の結果が予測不可能であることに由来する。未来において物語がどのように訂正されるのかは、事前に予測することができない。そしてそれは、未来から眺めたとき、「私」がしている行為がどんな意味を持つのか、ということが、現在の「私」には予測できないということでもある。この意味において、「私」は、現在において自分が何をしているのかを、知りえないのである。

しかし、そうであるにもかかわらず、「私」は現在の自分の行為に対して責任を要求される。これは大きな矛盾であるように思える。実際にアーレントによれば、有史以来、人類は活動に対してある種の嫌悪を抱いていた。そしてその嫌悪の理由は、こうした矛盾のうちに潜んでいるのである。

活動する人は自分のしていることをまったく知らないということ。そして彼は自分の意図もせず予見さえしなかった帰結については必ず「有罪」となるということ。彼の行為の結果がどんなに悲惨で予期しないものであろうとそれを元に戻すことはできないということ。彼が始める過程はただ一つの行為や出来事によってきっぱりと完結しはしないということ。彼の行為のほかならぬ意味は、活動者にとってはまったく明らかでなく、ただ自身は活動しない歴史家の過去を見る眼にのみ明瞭になるということ。こうしたことをすべて人間は知っていた。7

「私」が良かれと思って開始した活動は、「悲惨」な結果へと至るかも知れない。もしもそうなれば、「私」の活動はなされるべきではなかったものとして、消極的に評価されるだろう。もしもそうした未来を予測することができていたら、現在の「私」は、決してその活動を開始しなかっただろう。しかし、一度活動が開始され、それが「悲惨」な結末に至ってしまったら、もはやそれを無かったことにすることはできない。アーレントはここに、人間の人生の物語が持つ「不可逆性」を洞察する。すなわちそれは、「人間が自分の行っていることを知らず、知ることもできなかったにもかかわらず、自分が行ってしまったことを元に戻すことができないということである」[8]。

しかし、だからといって彼女は、人間がそもそも活動をするべきではない、という立場を取らない。活動は、それによって「私」がかけがえのない個人としてこの世界に姿を現すことができる営為であり、人間の自由が表現される場である。しかし他方、彼女はこうした活動を手放しで肯定することもしない。活動は、同時に人間にとって大きな困難を与え、その人生を苦しめるものでもありえる。それに対して彼女が提案するのは、このように扱いの難しい活動に対して、二つの「救済策」を講じることである。それが、「許し」と「約束」である。

「許し」の能力

許しと約束は、それぞれ、活動が抱える困難としての、不可逆性と不可予言性に対応する。すなわち許しは、活動の不可逆性への救済、「私」がその活動を始めてしまったということを、後からなかったことにはできない、という性質への救済である。

それでは、許しとは、具体的にはどのような営為を指すのだろうか。アーレントは次のように説明している。

自分の行った行為から生じる結果から解放され、許されることがなければ、私たちの活動能力は、いわば、たった一つの行為に限定されるだろう。そして、私たちはそのたった一つの行為のために回復できなくなるだろう。つまり、私たちは永遠に、そのたった一つの行為の犠牲者となる。これは、魔法を解く呪文も知らないうちに魔術をかけた初心者に似てなくもない。[9]

ここで彼女が念頭においている許しとは、「自分の行った行為から生じる結果から解放」

されることである。ただしそれは、活動を始めた人間がそもそも活動しなかったことにする、ということではない。そうではなく、ある活動によって生じる出来事の連鎖を、ある時点で断ち切り、それ以降の出来事はその人間の活動の帰結としては理解しないようにする、ということである。

この意味において、許しは活動に終結をもたらすものである。前述のように、活動によって形成される物語は、その活動が終わった後で初めて形成される。そうであるとしたら、活動が終結することが、物語が成立するための条件である。そして、活動の終結が許しによってもたらされる以上、許しは物語が成立するための条件として機能する。

このことを、本書がこれまで検討してきた物語論的責任概念に結びつけるなら、次のような新たな知見が得られる。すなわち、私たちが自分の行為を人生の物語に基づいて意志できるためには、その行為によってもたらされる結果が、他者によって許されうるものでなければならない。そうでなければ、「私」には自分の自由意志の根拠となりうる人生の物語自体を、構想できなくなってしまうからだ。この意味において、他者からの許しへの信頼は、「私」が責任の主体として存在しうるための条件である。換言すれば、もしも「私」が、自分の行為の帰結を他者から決して許されないだろう、と考えている限りにおいて、「私」は自分の人生の物語を構想することができなくなり、結果として、自分の行為を意志することもできなくなってしまう。

許しは活動を終結させる。そうでなければ、人生の物語はただ一つの行為が引き起こした連鎖以上のものではなくなってしまう。つまり許しは、人生の物語を複数の活動によって構成されたものとして理解することを可能にするはずである。私たちの人生は、たった一回の行為によってすべてが決まってしまうわけではない。もちろん、一回一回の行為は、それに相応する帰結をもたらす。しかしその帰結にもやがて終わりが来て、責任が清算され、それ以降は新たな活動を始めることができるのだ。この意味において、「私」の人生は、いわば複数の小さな物語によって形作られたものとして理解することができる。

それは、たとえて言えば、エピソードとでも理解されるべきものだろう。個々の活動は「私」の人生のエピソードを形成する。しかし、たった一つのエピソードが、人生を支配してしまうわけではない。エピソードは終結を迎え、新しいエピソードが開始される。そうした複数のエピソードによって構成されたものが、「私」の人生の物語に他ならないのだ。

この意味において、許しは「私」に人生のやり直しを可能にする。人生のやり直しは、決して、自分が活動した後で、その活動がなかったことにすることを意味するわけではない。そうではなく、自分の活動を他者からの許しによっていったん終結させ、それを一つのエピソードとして形成し、それとは別の新しいエピソードを始めることなのである。新しいエピソードは、前のエピソードと、何らかの仕方で連関しているかもしれない。しかし、「私」はそれをあくまでも別のエピソードとして理解することができる。アーレントの物語の概念は、この意味において、人生を複数の章から構成された物語として、いわば交響曲的なものとして捉えるものである。

「約束」の能力

許しが活動の不可逆性への救済であるのに対して、約束は活動の不可予言性への救済である。活動の結末がどうなるかは誰にもわからない。しかし、それは活動する人間を無責任にもする。「私」が何をしようとも、どうせ結果がどうなるかはわからないんだ、と考えることは、だから「私」がいま何をしようとも構わない、という態度を正当化するからである。

このような態度は、活動そのものを混乱に陥れることになるだろう。たとえ未来を予見できないのだとしても、それでも人々が同じ方向へと向かおうとするのでなければ、活動は成立しない。あるいは少なくとも、他者がどこへ向かおうとしているのかを把握できなければ、他者に対して働きかけることもできない。

もっとも約束は、活動を進めるために寄与するだけではない。それはむしろ、「私」のアイデンティティを形成するためにも必要である。アーレントは次のように述べる。

約束の実行に拘束されることがなければ、私たちは、自分のアイデンティティを維持することができない。なぜならその場合、私たちは、なんの助けもなく、進む方向も判らずに、人間のそれぞれ孤独な心の暗闇の中をさまようように運命づけられ、矛盾と曖昧さの中にとらわれてしまうからである。この暗闇を追い散らすことができるのは、他人の存在によって公的領域を照らす光だけである。なぜなら、この他人は、約束をする人とそれを実行する人とが同一人物であることを確証するからである。[10]

アーレントによれば、「私」が自分のアイデンティティを形成できるのは、「私」が他者と約束を交わし、そして活動のなかでそれを実行するからである。もちろん、活動した結果、約束を果たせないこともあるだろう。しかし、実際に約束を果たせるか否かは、約束が「私」のアイデンティティの基礎である、という事実を、何も脅かさない。もしも約束が果たせなかったとしても、「私」が約束をした人間と同一である、ということは、何も変わらないからだ。

反対に、約束したこと自体を忘れてしまう人間は、あるいは最初から約束していなかったことにしてしまう人間は、それによってアイデンティティを喪失し、「矛盾と曖昧さの中にとらわれてしまう」ことになる。したがって、物語の訂正可能性にただ身をゆだねる態度は、私たちの自己理解を妨げることになるだろう。

ただし、約束は予言ではない。つまり約束は、もしかしたらそれが果たされないかもしれない、という可能性が伴わなければ、成立しないのだ。もしも約束が、単にこれから未来に起こる出来事の予言として理解されるなら、それはかえって活動を機能不全に陥らせる。

約束が、不確実性の大洋における確実性の孤島としての性格を失う途端、つまり、この能力が誤用されて、未来の大地全体を覆い、あらゆる方向に保証された道が地図に書き込まれるとき、約束はその拘束力を失い、全て全体が自滅する。[11]

もしも、活動の結果がすべて決定されているのだとしたら、「私」はもはや何も約束する必要がないだろう。「私」が何を約束したとしても、未来は変わらないからである。しかし、そのように未来が「保証」されてしまうなら、それはもはや活動ではない。なぜならそこでは、人間の複数性が、つまり新しい出来事の始まりが、否定されているからである。そのとき「私」は、もはやかけがえのない個人として存在するのではなく、他の誰かを交換可能な存在として、属性で語ることができる存在として、捉えられることになる。

活動としての許しと約束

許しと約束は、活動が不可避に抱えざるをえない予見不可能性と不可逆性を、それぞれ救済する。しかし、それでは許しと約束そのものは、活動に対してどのような種類の営みとして理解されるべきなのだろうか。これに関して、アーレントは次のような興味深い言葉を残している。

破壊が製作と結びついているように、許しは活動と密接に結びついているというもっともな議論は、おそらく、行なわれた行為の取消は、行為そのものと同じような暴露的性格を示しているように見えるという許しの側面から来ているのであろう。許しと許しが樹立する関係は、常に、目立って人格的な（必ずしも個人的あるいは私的ではないが）事象であり、そこでは、行なわれたところのもの（what）がそれを行なった者（who）のために許されるからである。[12]

アーレントによれば、人間は活動によってだけではなく、許されることによっても、その人間が何者であるかが暴露される。なぜなら許しは、その人間が「何」であるかに基づくのではなく、その人間が「誰」であるのかを根拠にして、なされるからである。「私」が他者を許すのは、その他者が持っている属性のゆえにではなく、その他者が他ならぬその他者だから、他の誰とも交換できないかけがえのない存在だからである。だからこそ「私」は、ある一人の人を許したからといって、同じようなことをした人をすべて許すとは限らないのだ。

それだけではない。アーレントはここで、許しの「暴露的性格」を、「許しが樹立する関係」によって成立するものとして説明している。それは、言い換えるなら、許された者だけではなく、許す者もまた、それによって自らが何者であるのかを表現する、ということではないか。「私」が他者を許すとき、「私」はそれによって、他者が何者であるかを表現しながら、同時に自分が何者であるかを表現しもするのだ。しかし、人間が自らを暴露するのは、活動のなかにおいてであった。ここから帰結するのは、許しもまた、一つの活動である、ということだ。

同様の特徴を、約束もまた持っている、と考えることができるだろう。「私」が他者に未来を約束するとき、「私」は相手がその他者だからこそ約束を交わす。たとえば「私」が、自分にとって本当に大切なことを誰かに誓うとき、その誓いをする相手は、誰でもいいわけではない。「私」は、そうした誓いを、かけがえのない誰かに対して行う。つまり「私」がそうした深い約束をするとき、それによって「私」は相手が何者であるかを暴露する。そして、それは同時に、そのように約束する「私」が何者であるかを暴露しもする。つまり約束は、それ自体が「私」の物語の一部となる、活動なのである。ただし、アーレントは約束概念について、こうした趣旨の説明をしていないため、これはあくまでも筆者の解釈である。

まとめ

物語の訂正可能性が、人間が責任を引き受けることを妨げるなら、私たちはそれに対してどのような態度をとればよいのだろうか。それが本章の問いだった。

本書がまず退けたのは、訂正可能性は人間が完全に制御できるのだから、望ましい仕方で物語を訂正すればよい、という発想である。なぜなら、私たちの人生には、明らかに自分の制御を超えた出来事が起こるからだ。物語は、予見不可能な出来事を包摂し、再統合していく弾力性を持っている。しかしそれは、見方を変えれば、私たちの物語が予見不可能な出来事によって翻弄されうる、ということでもある。

この問題への一つの見通しとして、本章ではアーレントの思想を参照した。彼女は、人間が何者であるかということは、その人間の物語によって示される、と考えた。人間のアイデンティティは、属性によって説明できるものではない。なぜなら人間は誰もが新しい存在としてこの世界に出生するからであり、その意味で、複数性を持っているからである。そうした物語を形成するものが、活動である。活動において「私」は新しい出来事を始める。その出来事の新しさが、「私」の存在の新しさを表現し、そしてそれが「私」が何者であるかを表現することになるのだ。

しかし、活動は他者へと影響を与え、他者からの反応を引き起こす。そして、そうした反応は「私」にとって予見不可能である。なぜなら、「私」がそうであるのと同様に、他者も複数性を持った存在であり、過去の事例に還元することができないからだ。そして、そうした「私」と他者の活動の連鎖が、「私」の人生の物語を形成していく。そうである以上、「私」には自分の人生の物語を、思うままにコントロールすることができない。この意味において、人生の物語を完全に制御することは――それが他者の複数性を否定するものでない限り――不可能なのである。

それに対してアーレントは、こうした活動の制御の困難さへの救済として、許しと約束の能力を指摘した。許しは、「私」の活動の影響が引き起こす連鎖を人為的に終結させる。そのように終結させられることによって、一つ一つの活動の帰結が、個々のエピソードとして限定される。それによって「私」はそのエピソードを自分の人生に組み込み、物語を再編成することができる。

同時に約束は、「私」の未来を他者に対して誓うことで、不安定な自分の人生に対して一定の安定性を与えることができる。もちろんそれは未来を確定することではない。物語の概念は常に訂正可能性を前提にしている。また、約束することは、それに違反することが不可能であるときには意味を持たない。それでも、約束することによって、「私」は物語の訂正可能性に一定の指針を与えることができる。あるいは少なくとも、自分がどこに向かっているのかを見定めることができるようになる。

許しも、約束も、ある意味では物語の制御不可能性に対する抵抗である。しかしそれは、決して物語を自分の意のままに制御することを可能にはしないだろう。他者に許されようと、他者に何を約束しようと、物語が予想もしない形で覆されることはあるだろう。しかしそれでも、これらはそうした物語の制御不可能性に対する、不完全な制御の試みではあるだろう。私たちは、確かに物語の訂正不可能性を完全に支配することはできないが、しかしそれに対して、まったく無抵抗であり、ただ運命に翻弄されるだけの存在でもないだろう。

では、こうした不完全な制御の試みによって媒介されるとき、人生の物語はどのように訂正されていくのだろうか。責任を引き受けることと両立しうる物語の訂正は、どのように理解することができるのだろうか。

1 ハンナ・アレント『人間の条件』志水速雄訳、筑摩書房、一九九四年、二九五頁。
2 同書、二一一頁。
3 同書、二八九頁。
4 同書、二九九頁。
5 同書、三〇九－三一〇頁。
6 同書、三一〇頁。
7 同書、三六六－三六七頁。
8 同書、三七一頁。
9 同書、三七二頁。
10 同書、三七二頁。
11 同書、三八二頁。
12 同書、三七八頁。

第七章　物語の核

本書はこれまで、物語的責任概念の可能性と、それが直面する問題について、検討してきた。前章で明らかになったことは、物語概念が不可避に前提とせざるをえない訂正可能性は、私たちにとって制御不可能なものであるということ、しかしそれに対して、不完全な仕方で制御を試みることは可能である、ということだ。それによって、私たちには、責任を引き受けることと両立する形で、物語を訂正する可能性が開かれる。ではそれはどのようにして可能になるのか。それが本書の最終章となる、本章の主題である。

この問題は、平たく言えば、次のように表現し直すことができる。

「私」は、意識的にであれ、無意識的にであれ、自分がどんな存在であり、何のために生きているのかを理解している。それはとても不明瞭かもしれないし、あるいは首尾一貫していないかもしれない。しかしそうした理解なしに、何かを選択したり、行為したりすることはできない。

しかし、同時にそうした理解は不完全であり、後から訂正されうるものである。もしかしたら「私」は自分では自分のことをまったく理解していないかもしれない。「私」がいましている行為は、実はいま「私」が思っているものとはまったく違った意味を持っているかもしれない。そしてそのことに後になってから気づき、自分はなんであんなことをしてしまったのだろうと、後悔するかもしれない。

このとき、「私」の自己解釈は変化してしまっている。そうであるにもかかわらず、過去の自分の行為を、現在の「私」が、自分の行為として引き受けることはどのようにして可能になるのだろうか――それを明らかにすることが、本章の主題だ。

物語の二重性

本書はこれまで、物語の概念を様々な角度から検討してきた。しかし、改めて振り返ってみれば、そこには大きく分けて二つの意味があることがわかる。

第一に、個々の行為に際しての評価の基準としての物語である。「私」は、個々の状況において、複数の行為の選択肢に開かれたとき、その都度、自分の人生の物語に基づいて、何をするべきかを検討する。そうした検討の度に、「私」はいわば自分の人生の物語を展開するのである。物語は、過去、現在、未来を貫く一つの時間的な全体である。個々の状況における選択のために物語が展開される、ということは、現在の選択のために、そうした時間的全体が繰り広げられ、現在がその全体のなかで理解される、ということだ。

それに対して、第二に、そうした個々の行為によって、その帰結として形成される物語もまた存在する。前章において検討した、アーレントの論じる物語は、この類型に属するものである。そしてその物語は、必ずしも、「私」が任意に形成できるものではない。なぜなら、「私」の行為の帰結は、それが他者に対して及ぼす影響と不可分であるが、それがどのような帰結をもたらすのかは、まったく予見できないからだ。そうであるにもかかわらず、「私」の行為の帰結は、「私」の人生の物語の一部を形成するようになる。

そうであるとしたら、「私」が生きる自分の人生は、次のようなダイナミズムを形作ることになる。第一に、「私」は自分の人生の物語に基づいて行為する。しかし第二に、その行為によってもたらされる帰結が、「私」の人生の物語を書き直す。重要なのは、「私」

の行為が他者に関わることによって、第一の物語と、第二の物語が、食い違うことがありうる、ということだ。実際に行為をしてみると、行為をする前に想像していた自分の人生の物語には、包摂することができない帰結がもたらされてしまうかもしれない。なぜなら、そもそも他者は予測不能であるからだ。

この、第一の物語と第二の物語の矛盾に直面したとき、物語は訂正されなければならなくなる。つまり、ある行為に対して、当初に「私」が思い描いていた帰結が得られず、しかしその帰結を自分の行為の帰結として引き受けるためには、物語の訂正が不可欠なのだ。ただし、その訂正は何の制約もなしに遂行されるべきではない。それはかえって無責任な修正主義へと「私」を至らせることになるからだ。

このようにして、物語を訂正する必要が生じたとき、私たちはそれを、たとえ不完全な仕方でしかありえないのだとしても、制御しようとする。そうした不完全な制御の方法として、前章ではアーレントの許しと約束という概念を検討した。両者はともに、物語の訂正に安定性を与えるものとして機能する。許しは、「私」の行為の帰結を限定する。物語の訂正が可能であるためには、つまり、「私」の行為の帰結を、第二の物語に組み込むことができるためには、「私」は自分の行為を局限できなければならない。しかし行為が引き起こす出来事は連鎖する。その連鎖を終結させる働きが許しである。それに対して約束は、たとえ物語が訂正されるのだとしても、廃棄されるべきではない未来を提示する。それは、「私」がある行為について約束するとき、「私」の行為が全て自分の思い通りになる、ということを確約することを意味しない。そんなことは不可能だ。そうではなく、約束は、たとえ「私」の行為の帰結が予見不可能であるとしても、それでも譲ることはできない点を示すのである。「私」には、「私」の行為によってもたらされる出来事の系列を、すべて約束することはできない。しかし、譲ることができない未来を約束し、たとえ「私」の行為によって予想外の出来事が生じても、何とかしてその約束を守ろうとすることができるのである。

　では、そのように許しと約束によって制御された物語の訂正は、どのようにして遂行されるのだろうか。あるいはそうした訂正は、どのような基準に基づいて行われるのだろうか。その訂正のダイナミズムを考えるために、あえて大胆に発想を切り替え、まったく別の領域の議論のうちに、手がかりを探ってみたい。以下では、科学哲学における「パラダイム」という概念について考えてみる。

理論負荷性

二〇世紀の哲学の大きな潮流の一つとなった科学哲学の領域では、科学の進歩をどのように理解するべきか、ということが大きな問題となった。その最初の争点を作り出したのは、大雑把に言えば、論理実証主義という立場である。これは、あらゆる科学的な仮説は観察によって経験的に実証することができ、そうした実証を経た仮説が、知識として認められると考える立場である。この発想は、その理論的な前提として、ある仮説を観察によって実証するとき、その観察はいかなる仮説からも自由である、ということを前提とする。つまり、観察は文字通り客観的であり、だからこそ仮説の正しさを決定づける権威を持つのだ。同様の発想は、日常的な場面では、今日においても支配的なものだろう。

しかし、やがてこのような考え方では説明ができない事態が指摘されるようになる。一九五八年、ノーウッド・ハンソンは、理論負荷性という概念を提唱した。これは、事物を観察するとき、私たちは暗黙のうちに一定の先入見をもってそうしているのであり、決して客観的に観察しているわけではなく、そしてそれが科学的な仮説の場合には、理論が先入見の役割を果たす、ということだ。[1]

どういうことだろうか。ハンソンは、「妻と義母」という有名な騙し絵を使って説明している。この絵は、どのような見方をするかによって、若い女性にも老婆にも見える、という絵である。ただし、若い女性であると同時に老婆であるように見ることはできない。つまり、私たちがこの絵を若い女性として見ようとすれば、それは若い女性に見えるのであり、老婆として見ようとすれば、老婆に見えるのだ。しかし、それを若い女性として見るのだとしても、老婆として見るのだとしても、見ている絵は同じである。つまり、この絵がどのように見えるか、ということは、私たちがこの絵をどのように見るかということによって、条件づけられているのだ。

　そうであるとしたら、たとえば、「妻と義母」という絵が若い女性を描いた絵である、という仮説を提示し、それを実証するためにこの絵を観察したとしても、意味がない。なぜなら、この絵が若い女性に見えるのは、若い女性としてこの絵を眺めているからであり、この同じ絵によって、この絵が老婆を描いた

ものであるということもまた説明できるからだ。したがって、この仮説を検証するために、観察は役に立たないのである。

同じことが、科学的な議論においても当てはまる。ハンソンは、天動説の支持者と地動説の支持者が、同じ星を観察している場面を挙げる。二人は、ともに自分の支持する仮説を検証するために、その星を眺め、そこから仮説の正しさを説明することができる。しかし、そのとき二人はともに、天動説に従うものとして、あるいは地動説に従うものとして、最初から星を眺めている。科学的な仮説は、そうした先入見として、私たちの観察を先行的に条件づけている。

したがって、仮に天動説の支持者が、その星を観察することで、天動説の正しさを実証するということは、「妻と義母」が若い女性を描いた絵であることを実証することと同様に、妥当ではないのである。私たちには決して事実を客観的に観察することができない。私たちは、常に、ある特定の科学的な仮説に基づいて、世界を眺めている。仮説を観察が実証するのではない。むしろ仮説が観察を条件づけているのだ。

私たちは、目の前にある事実を、何らかの理論的な枠組みのなかで理解している。トマス・クーンは、そうした枠組みの総体を、「パラダイム」と呼んだ。[2] 彼によれば、パラダイムは歴史を通じて一定ではなく、時間の経過とともに変化していく。あるパラダイムは別のパラダイムへと転換することがありえるのである。彼はそうしたパラダイムの転換を「科学革命」と呼ぶ。その代表格として挙げられるのは、一七世紀の天動説から地動説への転換である。

では、科学革命はどのようにして引き起こされるのだろうか。クーンの説明は次のようなものだ。前述の通り、あらゆる観察された事実は、パラダイムのなかで解釈され、説明される。しかし、そうした事実のなかに、一見するとパラダイムのなかで整合的に説明することができないものが出現する。クーンはそうした事象を「アノマリー」と呼ぶ。[3] 科学の探究とは、さしあたり、こうしたアノマリー、言い替えるなら変則事象をパラダイムのなかで解決するための営みである、と考えることができる。

しかし、変則事象が増加していくと、パラダイムは説明の枠組みとして限界を抱えていることが意識される。それによって、パラダイムへの信頼は揺るがせられるのだ。クーンはそうした事態を「危機」と呼ぶ[4]。こうした危機を乗り越えるために、変則事象をより整合的に説明することのできる、別のパラダイムが構想されるようになる。このようにして、パラダイムの転換は引き起こされるのだ。

ただし、こうしたパラダイム転換の要因となるのは、観察に基づく科学的な探究の成果だけではない。むしろ、歴史的・社会的な条件が変更されることによって、そうした転換が引き起こされることもある。

したがって、パラダイムはその都度の科学者たちが置かれている歴史的・社会的な状況に条件づけられているのであって、その転換は決して直線的な漸次的進化を辿るものではない。言い換えるなら、複数のパラダイムを比較して、どちらが優れていて、どちらが劣っているのかを評価することは、そもそもできない。なぜなら、そうした評価が可能であるためには、あらゆるパラダイムをそこへと還元することのできる共通の尺度が必要であるが、そうした尺度は存在しないからである。こうした性質を、クーンはパラダイムの「通約不可能性」と呼ぶ[5]。

たとえば、古代ギリシャにおける目的論的な自然観と、一七世紀以降の科学的な自然観は、それぞれまったく異なるパラダイムである。もちろん両者の間で、共通の語彙が使われることはあるだろう。たとえば、「生命」という語彙は、どちらの自然観においても使用されうる。しかし、その語彙が意味するところはまったく異なっているし、単に異なっているだけではなく、一方の意味に相応するものを、他方の語彙のなかに探すことはできないのだ。古代ギリシャにおいて「生命」と呼ばれていたものは、一七世紀以降のパラダイムにおいては、それに相応するものが存在しない。逆も然りである。したがって、一七世紀以降のパラダイムにおいて「生命」と呼ばれているものが、古代ギリシャにおいて探究の対象になっていなかったとしても、それは古代ギリシャで生命が探究されていなかったことにはならない。なぜなら、生命の概念そのものが、古代ギリシャにおいてはまったく違ったものであったからであり、そして、「生命」という語彙を一七世紀以降のパラダイムにおける意味に限定して使用しなければならない理由は、さしあたり存在しないからである。

さて、ここでクーンのいうパラダイム転換は、本書の議論における物語の訂正のプロセスに、ある意味でよく似ている。パラダイムにおいて変則事象が生じるのと同様に、私たちの人生にもそれまでの物語では予見されていなかった出来事が起きる。そして、さしあたり私たちは、変則事象をパラダイムのなかで説明すべく科学的な探究が行われるように、そうした出来事を人生の物語に組み込むべく、出来事を解釈する。しかし、変則事象の増加によってパラダイムが転換されるように、予想外の出来事の連続は、私たちの人生の物語に大幅な訂正を迫ることになるのである。

リサーチ・プログラム

こうしたクーンのパラダイム論に対して、激しい批判が寄せられることになった。結局のところその理論は、あらゆるパラダイムを相対化し、科学が進歩していくと考えること自体を不可能にするからだ。もしもパラダイムが通約不可能なのだとしたら、あるパラダイムから別のパラダイムへの変化を、前進として評価できなくなる。なぜなら、前進は複数のパラダイムを共通の尺度に基づいて評価することを可能にするからだ。しかしそれは、科学の探究の営みを無意味なものにしてしまうのではないか。

こうした問題に対して、イムレ・ラカトシュは、クーンのパラダイム論を引き継ぎながら、それを科学の進歩という観念と両立させうるアイデアを提示する。それがリサーチ・プログラム論と呼ばれる理論である。[6]

ラカトシュによれば、科学的な探究の基本的な単位は「リサーチ・プログラム」と呼ばれる概念で説明される。それは、パラダイムとは異なる重層的な構造をしており、中心部分には「堅い核」があり、その外側を「防御帯」が取り巻いている。堅い核は、リサーチ・プログラムの基本的な仮定であり、いわばその探究を支える原理である。それに対して防御帯は、その原理を支える補助的な仮説などによって構成される。

あるリサーチ・プログラムの根幹を支えているのは、堅い核に他ならない。もしもそれが廃棄されてしまえば、そのリサーチ・プログラムは全体として妥当性を失うことになる。それに対して、防御帯はそのようにシリアスなものではない。たとえば、あるリサーチ・プログラムにおいて、それまでの理論では説明できない変則事象が観察されたとしよう。その場合、まずは防御帯を構成している理論が変更されることで、変則事象に対する合理的な説明が試みられる。しかし、そうした変更が行われるのだとしても、堅い核は無傷であり続けるのであり、したがってリサーチ・プログラムはその同一性を失わない。

ラカトシュは、このような構造をもつリサーチ・プログラムを、二つに区別する。すなわち、前進的リサーチ・プログラムと、退行的リサーチ・プログラムである。前者は、変則事象に対処するために防御帯を柔軟に変更することができるものであり、それは新しい知識を受け入れ、理論を発展させることができる。それに対して、後者は、防御帯がもはや柔軟性を持たなくなり、既存の理論と合致する知識だけを受け入れるものである。そうした理論は、変則事象と直面するとただちに堅い核が脅かされるため、理論全体が廃棄されてしまう。したがって、退行的リサーチ・プログラムは、前進的リサーチ・プログラムに席を取って代わられる。

このような発想を取ることによって、ラカトシュは、クーンが共通の尺度なしに生じると考えたパラダイム転換という事象に、合理的で客観的な規則を見出そうとした。すなわち、科学的な理論の歴史的変遷は、その理論が防御帯を変更して堅い核を存続させ続けることができるか否かにかかっているのであり、もしもリサーチ・プログラムが全体として置き換えられることが起こるのだとしたら、それは科学的な探究の前進として捉えることができるのだ。

こうしたラカトシュの理論を、それが文脈を無視した大きな飛躍であることを承知の上で、あえて本書の議論へと応用してみよう。それによって、人生の物語の訂正がどのように引き起こされるのかを、新たな仕方で理解できるようになるに違いない。

物語の「堅い核」

私たちは自分の人生の物語を生きている。いまこの瞬間を生きる「私」は、過去から未来へと連なる一つの物語に基づいて、世界を理解している。しかし、「私」の行為の帰結が、その物語においては当初予見されていなかった出来事を引き起こす。そのとき、「私」はその出来事を引き受けるために、物語を訂正しなければならない。

しかし、その度ごとに物語を恣意的に訂正することは、私たちを無責任へと陥らせる。物語が刻々と訂正されていくことは、その物語の同一性を毀損する。一方で、物語の訂正が行われなければ、「私」は自分の行為によってもたらされた予想外の帰結を、自分の行為によってもたらされたものとして受け入れられないだろう。それが、私たちの直面していた困難だった。

これに対して、私たちが物語の概念に、堅い核と防御帯という発想を導入することで、問題の見え方はどのように変わるのだろうか。

もしも人生の物語にも堅い核があるとしたら、それは、その物語を支える基礎的な原理であり、その根本的な意味である、と言えるだろう。

予想外の出来事は、その物語にとってのいわば変則事象である。私たちの物語が、そうした変則事象に対してまったく対応することができないとしたら、その物語は廃棄されることになるだろう。そしてその後には、変則事象を説明しうる別の物語が立ち現れるだろうが、それは廃棄された物語と連続性を持たないものだろう。つまり「私」は別の物語を生きることになるだろう。これは修正主義的な態度であり、無責任である。

しかし、物語に防御帯を想定することもできる。それは、その物語の堅い核の周りを取り囲む、様々な補助仮説であり、エピソードのようなものだ。人生の物語は、一直線に結末へと向かうものではない。そこには、一つ一つのエピソードがあり、あるいはまたそれによって構成されるシーズンがある。たとえば私たちは、高校生のときには「高校生編」の物語を生きていて、社会人になると「社会人編」の物語を生きる。しかし、そのように、物語がより細やかな各部分へと分割されることは、決して、その物語が統合されたものではない、ということにはならない。むしろ、そうした各部分の統合こそが、物語の首尾一貫性を担保している。

しかし、そうした各部分は、同時に弾力性を持っている。たとえ、それが思った通りにいかなかったとしても、ただちに物語の統合性が失われるわけではない。むしろ、物語に出現した変則事象に対して、防御帯が有機的に反応し、堅い核の同一性が脅かされないようにする形で、物語の構成を変えていけばよいのである。

堅い核と防御帯という概念を導入することによって、私たちは人生の物語という概念のうちに、訂正してもよい部分と、訂正されるべきではない部分を区分できるようになる。物語は原理的に訂正可能性を持つ。しかしこのことは、物語がその都度コロコロと全面的に訂正されても構わないわけではない、ということを意味するわけではない。むしろ「私」には、自分の人生の訂正されるべきではない部分を守り抜くために、その一部を訂正するということがありえるのだ。そしてそこにおいてこそ、「私」のアイデンティティが表現されるのである。

主人公としての自己

責任を引き受けるということは、「私」の行為の帰結を、「私」の行為の帰結として、理解するということだ。しかし、行為の帰結は予見不可能なのだから、責任を引き受けることとは、「私」の物語の部分的な訂正を要求する。したがって責任を引き受けることは、ある意味で、物語を訂正することである。しかしその訂正は、「私」にとって訂正されうるべきではないもの、「私」がどうしても自分の人生の物語から排除することのできない核のために、遂行される。なぜならそれが「私」のアイデンティティだからだ。このような仕方であれば、物語の訂正は、責任を引き受けることと、両立する。

こうした訂正に際して、許しは、変則事象を特定のエピソードとして限定するよう機能する。そうした限定が不可能であれば、「私」には自分が経験している出来事を、人生の物語に組み込むこと自体ができないだろう。一方で、約束は、そうした変則事象への直面に対して、何が自分の人生の物語の堅い核であるのかを確定することに寄与する。「私」は、他者に対して未来を約束することによって、変則事象による物語の動揺に対して、安定性をもたらすことができる。

前章で述べた通り、許しと約束は、他者の関わりのなかで初めて機能する。この意味において、もしも「私」が他者との関わりを絶ってしまったら、自分の人生に引き起こされる変則事象を、人生の物語に組み込むことができないし、あるいはまた、そうした変則事象によってもたらされる動揺に対して、浮動しない核を維持することもできないだろう。

したがって、他者との関わりを絶たれることは、私たちの人生を極めて不安定なものにし、人生の物語に基づいた首尾一貫した判断を不可能にする。もちろんそれは、その都度の状況において、何らの評価もできなくなる、ということではない。そうではなく、異なる時点において、同一の主体として物事を評価することができなくなるのだ。そのとき「私」は、自らの過去の行為の帰結を、自分の行為の帰結として引き受けることができなくなる。なぜなら過去の「私」が依拠していた物語は、現在の「私」が依拠している物語とは、異なったものだからだ。その二つの物語は、断絶しており、通約不可能である。だから、そうした物語の全面的な訂正は、無責任なのである。

それに対して、他者との関わりに基づく、部分的な訂正によって核を守り続けようとする物語は、異なる時点における「私」の行為に対する評価に、同一性を与えることができる。そうした仕方で自らの人生の物語を生きることが、責任を引き受けることを可能にするのだ。

では、そうした物語の核とは、いったい何なのだろうか。単純に考えるなら、それは、それによって「私」が経験する出来事が意味づけられるところのものである。科学的に観察される事実が、あるパラダイムのなかで解釈されるように。私たちは普通、物語に関してそうした役割を果たす存在を、主人公と呼ぶ。つまりそれは、常に物語の中心に位置し、その物語で発生するあらゆる出来事が、それとの関係のなかで意味づけられるような存在に他ならない。

物語の核とは、「私」がその物語の主人公である、ということだ。本書は、このように物語の同一性を支えるアイデンティティの中心を、主人公としての自己と呼ぶ。物語のなかで、主人公は必ず予想外の出来事に直面し、様々な困難と対峙する。しかし、主人公はそうした困難を乗り越えるために、時として自分自身を変化させ、時として何かの犠牲を支払い、時として大切なものを失う。物語のなかで主人公が変容することはある。しかし、どれだけ主人公が変化を遂げるのだとしても、そこには、その登場人物を主人公たらしめる何かが、主人公が主人公であることを決して疑いえないものにする何かが、存在するはずである。それが、その物語における核なのではないだろうか。

責任を引き受けることは、どのようにして可能になるのだろうか。それは、私たちが、自分の人生の主人公であることによってである。それが、本書の一つの結論である。

自暴自棄と自己肯定感

主人公として生きる、ということは、決して他者との関わりを絶って独善的に存在することを意味しない。なぜなら、前述の通り、主人公であることを可能にする許しと約束は、他者との関係なしには成立しえないからだ。反対に、そうした人間的な関係が失われ、孤独に陥ったり、あるいは他者から支配され、尊厳を傷つけられたりするとき、「私」は自分の人生の主人公であり続けることができなくなる。

このような状態に陥った人間は、自分がある一貫した物語を生きていると信じることができず、ただ、目の前の状況の変化に対応して、浮草のように翻弄される存在として、自己を理解する。それは言い換えるなら、「私」には自らを取り巻く状況の意味を決定することができず、そして「私」自身が存在することの意味さえも、自分自身では決定することができない、ということだ。

もちろん、そうした状態に陥るのだとしても、「私」は何かの物語を生きてはいるだろう。しかしその物語は、もはや「私」を主人公としたものではないだろう。それはむしろ、「私」以外の他者を主人公とした物語であり、「私」はその中に登場する脇役に過ぎないかもしれない。

「私」が、自分を自分の人生の主人公として捉えることができず、ただ脇役に過ぎないものとしてだけ捉えるとき、「私」は自らを主人公であるところの他者に従属させる。「私」を含め、一切の物事の価値は他の主人公の視点から決定されるのであり、「私」はその視点から発せられる眼差しによって客体化される。しかし、そうであるとしたら、「私」には自分がどのように意味づけられているのかを、理解できなくなる。なぜなら、「私」は他者ではないからである。

この問題が先鋭化するのは、たとえば、子どもが親から虐待的な扱いを受けたときだろう。親が子どもの尊厳を踏みにじり、自分に依存するよう育てるとき、子どもは、自分の人生の主人公は親であり、自分ではない、と考えるようになるだろう。

このようにして、自分の人生の主人公であることに失敗した子どもは、自分の行為によってもたらされた帰結を引き受けることができないだろう。そのときその子どもは、ただ親の言いなりになって行為をしているだけであり、自分の行為の結果何が起ころうとも、それは自分のせいではなく、親のせいである、と考えるだろう。

こうした子どもは、自分自身の力で状況を変革することができる、という自信を持つことができず、従属的な生き方を強いられることになる。そしてそれは、自分が何をするのであっても自分のせいではないのだから、何をしても自分とは関係がない、という態度を促すことにさえなる。本書は、このような態度を、自暴自棄と呼ぶ。自暴自棄は、人間が自らの人生の主人公であることに失敗した際、その帰結として立ち現れる態度の一つである。自暴自棄に陥った人間は、責任の主体として、自らの行為に責任を引き受けることができない。だからこそ、自分では引き受けることができないような行為を、後先を考えずに行うことができてしまう。この意味において、自暴自棄は無責任さへと容易に陥っていく。

それに対して、責任を引き受けることは、「私」が「私」であることの確信を伴うのであり、この意味において、それはある種の自己肯定感を喚起させるに違いない。

論理学の用語として考えるなら、肯定とは、論理的な判断の一つの様態であり、典型的には「ＳはＰである」という言明の形式を指す。そこには価値判断が一切関与しない。そうした意味を取るなら、自己肯定感とは、「私が私である」という単純な判断に他ならない。

そして、このような感覚を「私」に喚起しうるものこそ、人生の物語であり、特にその堅い核であるように思える。「私」は、自分がそのなかで主人公であるような首尾一貫した物語のなかに位置づけられるとき、その主人公としての自分に、自分を同化させ、そうした主人公として、自分を解釈する。そうした自己解釈を前提にするからこそ、「私」は自由に行為を選択できるのだ。

責任を引き受けることは、決して、ただ苦痛を背負い込まされることではない。それはむしろ、「私」が自己肯定感を抱き、人生の主人公として生きることによって、他者との関係性のなかで、自分を理解することなのだ。責任は、おそらくそうした構造のもとで成立するものなのだ。

まとめ

本章では、自分の責任を引き受けることと、人生の物語を訂正することが、いかにして可能になるのかを考察してきた。この問いに対する答えを模索するために、私たちは科学哲学の知見を手がかりにした。

二〇世紀に隆盛した科学哲学の議論において、科学的な仮説が実験による経験的な観察によって実証できる、という従来の見方に疑問が寄せられた。むしろ、いかなる観察も、それを私たちが理論のもとで眺めるかによって、その意味を制約される。そうした、観察を有意味に解釈するための前提となる理論を、クーンはパラダイムと呼んだ。彼は、パラダイム同士は通約不可能であると考えた。それに対してラカトシュは、パラダイムの概念をリサーチ・プログラムと呼び、その理論的な発展を試みた。彼によれば、リサーチ・プログラムは堅い核と防御帯の二層構造によって成り立っており、堅い核を守るために、防御帯は修正されていく。一方で、もはや防御帯の修正が機能しなくなったとき、そのリサーチ・プログラムは新たなものへと刷新される。

本章はこのアイデアを物語的責任概念に取り入れることを試みた。「私」には人生の物語を訂正することができる。しかし、それによって物語が同一性を失うことはない。なぜならそれは、訂正されてはならないものを守る形で、すなわち物語の堅い核を存続させる形で、行われるからである。

そのように堅い核として守られるものは何だろうか。本章ではそれを、自分自身がその物語の主人公であることとして解釈した。「私」は、自分が人生の物語の語り手であり、自分によってその物語に起こる出来事が意味づけられるような存在である。そうである限りにおいて、「私」は自分の行為によってもたらされた出来事を、そうしたものとして解釈することができる。反対に、その堅い核を奪われ、言い換えるなら自分の人生の主人公性を否定されるとき、「私」は自分を自分の人生の主人公として眺めることができなくなり、結果として責任を引き受けることもできなくなる。

本書は、こうした事態を自暴自棄として説明した。それに対して、「私」が自らの責任を引き受けることは、ある種の自己肯定感を私たちに喚起させるに違いないのだ。

1 N・R・ハンソン『科学的発見のパターン』村上陽一郎訳、講談社学術文庫、一九八六年。
2 トマス・S・クーン『科学革命の構造』青木薫訳、みすず書房、二〇二三年。
3 同書。
4 同書。
5 同書。
6 イムレ・ラカトシュ『方法の擁護——科学的研究プログラムの方法論』村上陽一郎ほか訳、新曜社、一九八六年。

おわりに

改めて、本書のこれまでの議論の歩みを振り返っておこう。

責任を引き受けるということは、いかにして可能なのか。それを明らかにすることが、本書の主題だった。第一章では、その議論の前提を確認するために、伝統的な責任概念の構造を検討した。それによって、本書は責任を、ある人格の行為によってもたらされた帰結を、その人格が自らの行為によってもたらされた帰結として引き受けることを要求する、道徳的な義務として定義し、責任の主体の条件が自由意志に基づいて行為できる点にある、ということを確認した。

第二章では、この伝統的責任概念を脅かす問題として、決定論をめぐる議論を概観した。その結果として、決定論は一つの形而上学に過ぎず、それをもって自由意志を全面的に廃棄すべき理由にはならない、ということを明らかにした。しかし同時に、決定論との対決から、そもそも私たちが自由意志という概念によって何を理解しているのか、ということを、改めて問い直す必要性が浮上してきた。

第三章では、このような問題を引き受けて、自由意志の概念を再検討した。決定論は、「私」の行為がすでに因果的に決定されていると考えることによって、「私」が別の仕方でも行為できたということ、すなわち他行為可能性を否定する。ここに示唆されているのは、決定論が自由意志を脅かすと考えられるとき、その自由意志の内実は、他行為可能性として理解されている、ということだ。しかし、自由意志の内実が他行為可能性に限定される理由は、さしあたり存在しない。本章では、それに対する代替案として、フランクファートの提唱する二階の欲求説を取り上げ、またその修正版としてのブラットマンの自己統制方針に基づく自由意志というアイデアを検討した。

第四章では、二階の欲求説を発展的に解釈した学説として、テイラーの「強い評価」をめぐる議論を検討した。彼は、自分の行為に対する評価は、その人格がどのように自己を解釈しているのか、ということに依存すると考え、その自己解釈は、その人格が帰属している物語に左右されると考えた。また、こうした物語がアイデンティティに与える影響を、マッキンタイアおよびリクールの思想に基づいて検討した。本書は、責任の主体であるために人間が自らを物語のなかで理解できなければならない、という責任の捉え方を、物語的責任と名付け、他行為可能性を前提とする伝統的責任概念に対置した。

第五章では、物語論的責任概念をより精緻に理解するために、物語の概念が備える訂正可能性について、ウィトゲンシュタイン、東、アーレントなどを手がかりに検討した。物語の意味は、常に、出来事の後で書き換えられ、訂正される可能性を持つ。しかし、そうした訂正可能性は、人間が責任の主体であることとむしろ相反するようにも思える。そうであるとしたら、物語的責任を擁護するために、こうした訂正可能性に対してどのような態度を取るべきか、ということが、次なる課題であることが明らかになった。

第六章では、この課題を解決するために、アーレントの提起する許しと約束の概念を取り上げた。アーレントは、人間が活動によって紡ぐ物語が不可逆でありかつ予見不可能であるからこそ、それを許しと約束によって制御しなければならない、と指摘した。それは、物語論的責任が、あくまでも他者との関わりのなかでのみ成立するものであり、物語の訂正可能性を無際限に許容するものではない、ということでもある。

第七章では、右のように検討してきた物語的責任において、責任が引き受けられるという出来事がいかに生じるのかを、科学哲学の知見を応用しながら、一貫した概念的連関のもとで再構成した。それによって、責任を引き受けるということは、自分の人生の主人公として生きることを意味するものであり、そうした自己解釈に失敗するとき、人間は自暴自棄に陥って、責任を引き受けることもできなくなる、ということを明らかにした。同時にそれは、責任を引き受けることが、ある種の自己肯定感と両立するものであると、主張した。

以上の結論に基づいて、最初に提起された問いに立ち返ってみよう。本書はその冒頭において、『星の王子さま』における責任の問題を紹介した。

王子さまは、もともと自分がいた小さな星に、一本のバラを置き去りにしてきた。なぜならバラは彼にとって不愉快な存在だったからだ。王子さまは、あるときまで、そうした自分の行為に何ら疑問を抱いていなかった。しかし、地球にやってきて、キツネから助言を聞いた彼は、自分の過ちに気づかされた。そして、自分の命を賭けて、小さい星へと帰還することを決意した。

その旅路のなかで、彼の考え方には何度か変化が起きている。

彼は、当初、その小さな星で初めてバラと出会ったとき、そのバラがとても美しいと思った。そもそもその星には花が咲き続けるということがほとんどなかった。たまに花が咲いても、その花はすぐに散ってしまった。しかし、バラはその星に根を下ろし、長い時間をかけて花開いたのだ。王子さまはそのバラの美しさに心を奪われた。彼はそのバラを、かけがえのない存在として愛していた。しかし彼は、このとき、まだ「かけがえのない存在」ということの意味を、しっかりと理解していたわけではなかった。彼にとって、それはわざわざ疑う必要のない、自明な判断だった。

しかし、地球にやってきた王子さまは、そのバラが無数に存在するバラの一本に過ぎなかった、ということに気づく。バラの花畑を前にして、王子さまは、自分が愛したバラは「かけがえのない存在」ではなく、したがって愛するに値しなかったと思ってしまう。

このとき王子さまは、「かけがえのない存在」ということの意味を、「同じ種類のものが他に存在しないもの」として理解する。このようにして彼の認識は訂正される。もといた小さな星のバラは、彼がその星を去った後ではなく、その前から、最初から愛されるに値しなかったバラとして、再解釈される。そして彼は、愛されるに値しないバラに悪態をつかれ、そのせいでその星を去ったものとして、自分を解釈する。

しかし、それは彼を混乱させた。なぜなら、彼はやはり小さな星のバラを、「かけがえのない存在」だと思っていたからだ。彼にはその事実がうまく飲み込めない。それはいわば、彼がそれまで生きてきた物語に包摂できない、重大な変則事象なのである。

そんな彼に対して、キツネは次のような助言を与えた。確かに、王子さまが置き去りにしてきたバラは、無数のバラのなかの一つかも知れない。しかしそのバラは、王子さまと関わり合うことで、たった一つのかけがえのないバラになった。王子さまが助けたということによって、そのバラは王子さまにとって「かけがえのない存在」になった。だから、そのことを君は忘れてはいけない。そして、そうした一番大切なことは、目に見えないところにあるのだ、と。

この助言を聞き入れることで、王子さまは、再び「かけがえのない存在」に関する認識を訂正する。彼にとってそれは、もはや「同じ種類のものが他に存在しないもの」を意味するわけではない。たとえ、同じ種類のものが他に存在するのだとしても、自分が関わった存在は、そのことだけによって「かけがえのない存在」になるのだ。

あの小さな星で、王子さまは紛れもなく、一本の生意気なバラを美しいと思った。それは、この世界にバラがその一本しか存在しないからではない。そのとき王子さまが関わったバラが、この世界にその一本しか存在しないからだ。王子さまは、そのとき、たった一度しか訪れない時間を、そのバラとともに過ごした。その小さな星に、偶然咲いたバラと、たまたまそこに居合わせた自分が関わった。そのありえないような邂逅に、彼は美を感じたのだ。そしてその美は、バラの外見の美しさを意味するのではない。キツネが助言するように、大切なことは目に見えなかったのである。

このようにして彼は、過ちを犯したことを引き受けたのだ。自分は、本当に愛するべきだったバラを置き去りにしてしまった、そしてそれを行なったのは自分だ、ということを、受け入れた。だからこそ彼はその責任を果たすために、危険を冒して、あの小さな星への帰還を試みたのだ。

このように、王子さまが責任を引き受ける過程では、彼がそれによって自己を解釈している物語の訂正が起きている。しかしその訂正は、彼を無責任な言い逃れや、単なる自暴自棄へと導くのではなく、責任の主体としての自覚へと促しているように思える。

おそらくそれは、王子さまが、その旅路のなかで何度人生の物語を訂正しようとも、その物語の核となる部分を、守り抜いていたからではないだろうか。その核とは、かつてあの小さな星で、そのバラを確かに美しいと感じていた、ということだ。そのバラとともにいるとき、彼が紛れもなく明るい光のなかにいた、ということだ。

バラの表面的な悪態は、その物語にとって変則事象だった。地球で出会ってしまったバラの花畑もまた、変則事象だった。しかし彼は、自分がその一本のバラとともに過ごした時間を、決して忘れなかった。彼はそれを、自分から捨て去ることができないものとして、抱き続けていた。だからこそ、キツネの助言を聞き受けることによって、それまでに経験した様々な変則事象を包摂する、新しい物語を構成することができた。

たしかに、それによって彼は危険を冒さなければならなくなった。しかしそれは決して自暴自棄を意味するわけではない。彼は、一本のバラが照らし出す明るい光を核とする物語を生きるために、自分が進むべき未来として、星への帰還を敢行したのだ。それは彼の物語であり、彼はその敢行によって、自分が自分のなすべきことを行なっている、と確信できるに違いない。

王子さまは、このようにして責任を引き受けた。おそらく彼の心は晴れやかなばかりではないだろう。しかしある種の自己肯定感を、これが自分である、これが自分の物語であるという確信を、抱いてはいただろう。それは、たとえ後悔が何もなかったとしても、自暴自棄に陥っていたり、自分の人生を自分の人生として感じられなかったりする人には、決して生じえない感覚だろう。少なくとも王子さまにとって、それは幸福なことでもあったに違いない。彼は次のように語っている。

だれかが、なん百万もの星のどれかに咲いている、たった一輪の花がすきだったら、その人は、そのたくさんの星をながめるだけで、しあわせになれるんだ。そして、〈ぼくのすきな花が、どこかにある〉と思っているんだ。[1]

王子さまは、自分の愛したバラが、この世界のどこかにあると思えることが、幸福だと言う。しかし、彼は同時にそのバラを置き去りにした。だから彼は、その責任を果たさなければならない。見方を変えれば、このように責任を引き受けることによってこそ、彼はバラに思いを馳せる幸福を感じることができるようになったのだ。もしも彼が自分の責任から逃れていたら、その幸福を知ることもなかっただろう。

最後に、本書がこれまで論じてきた物語的責任と、筆者がこれまで提唱してきた「弱い責任」という概念の関係を改めて説明しておこう。

第一章で述べた通り、弱い責任は、私たちが誰に対して責任を負うのか、ということに定位した責任概念である。その典型は子どもへの責任である。子どもへの責任において重要なのは、その子どもが危険から守られているということであって、誰がその責任を負うのか、ということではない。たとえば、目の前に傷ついている子どもがいたら、たとえそれまでその子どもと何の関係もなかったとしても、「私」にはその子どもを守る責任が生じる。同時に、もしも「私」にその責任を全うできなくなるときが来たら、「私」はその責任を別の大人に委託する必要がある。その限りにおいて、子どもへの責任は、特定の個人へと主体を固定することなく、不特定多数の人々が連帯として担わなければならないものなのだ。

このように弱い責任と、本書で論じられた物語的責任は、一見すると両立しないように見えるかもしれない。弱い責任が責任の対象に定位する概念であるのに対して、物語的責任が説明するのは、「私」がいかに責任を引き受けるのか、ということであり、責任の主体の条件であるからだ。結局のところ筆者は、責任概念を考える上で、責任の主体と対象、どちらを重視しているのか。そうした疑問が寄せられたとしても不思議ではない。

こうした疑問に対しては、さしあたり次のように答えることができるだろう。すなわち、弱い責任と物語的責任は、それが焦点を当てる時間的な様相において異なっている、と。

弱い責任が説明するのは、原則として、未来への責任である。それは、「私」が責任を引き受けなければ、目の前の他者が未来において脅威に直面するかも知れない、という可能性を前にした時に、生じるものだ。これに対して、物語的責任が説明するのは、「私」がすでに為した行為の帰結を、「私」がどのように理解するのか、という点に関わる。したがって、ここで問題になっているのは――この言い方はただちに訂正されなければならないが――未来ではなく過去である。この点で、弱い責任と物語的責任は、互いに衝突する概念ではなく、整合的に考えることができる。

しかし、物語的責任が、過去の行為に関する責任概念である、という説明は、大いにミスリーディングだ。なぜなら、私たちが自らの責任を引き受けるのは、私たちの生きる人生の物語に即してのことであり、そして物語は未来へと広がっているからである。「私」は、自分が過去になした行為の帰結を、自らの行為の帰結として理解するが、それはこれから「私」がどうありたいか、どんな人生を歩んでいきたいか、という未来への視点と不可分である。この意味において、物語的責任は未来とも密接に関係する。もし、あえて違いを説明しようとするなら、弱い責任が他者の未来に向けられた概念だとしたら、物語的責任は、「私」の未来へ向けられた概念だと考えることができるだろう。

筆者が弱い責任という概念を提唱した動機の一つは、自己責任論への批判だった。この点において、物語論的責任もまた同様の動機を持つ。責任を引き受けることができるのは、「私」が自分の人生の主人公であるときだけである。その条件を破壊された場合、「私」には自分の行為の帰結を、自分の行為の帰結として理解することができない。しかし自己責任論にとってそうした条件は無関係であり、むしろ場合によっては、その条件を破壊するように作用する。

そして、ここにおいて、弱い責任と物語的責任は交錯する。第七章で述べた通り、虐待を受けた子どもは、自分を人生の主人公として理解することができない。すると、自分の行為の帰結を引き受けることもできない。大人たちには、そうした虐待から子どもを守る弱い責任があるが、それはその子どもが、物語的責任の主体でありうるためなのである。その意味において物語的責任は、弱い責任によって可能になる。この二つの概念は、そのように関わり合っているに違いない。

たとえば『星の王子さま』にも、そうした、弱い責任と物語的責任の交錯が描かれている。王子さまと砂漠を歩いていた「ぼく」は、王子さまが疲れて眠ってしまうと、彼を抱えて歩き続けた。その最中で、その寝顔を眺めながら、彼は次のように心中を語った。

ぼくは心がゆすぶられていました。まるで、こわれやすい宝を、手に持っているようでした。地球の上に、これよりこわれやすいものは、なにもないようにさえ、感じられるのでした。

この王子さまの寝顔を見ると、ぼくは涙の出るほどうれしいんだが、それも、この王子さまが、一輪の花をいつまでも忘れずにいるからなんだ。バラの花のすがたが、ねむっているあいだも、ランプの灯のようにこの王子さまの心の中に光っているからなんだ……[2]

「ぼく」は、傷つきやすい王子さまを守っている。それは彼なりの弱い責任の実践である。そのとき彼が守っているのは、王子さまの命であると同時に、その人生の物語なのである。彼は、王子さまがその物語の主人公でいられるために、バラとの約束を果たすことができるために、王子さまを抱いていたのだ。

私たちの人生には予想のできないことばかり起こる。自分の言ったことが、自分の思っていたのとは違った形で理解されることがある。自分のした行為が、思わぬ仕方で、誰かを傷つけることもある。

そうした出来事を、それでも自分の責任として引き受けるとき、私たちは自分の生きている物語を訂正しなければならない。私たちは、自分を語り直し、過去の自分を違った仕方で解釈し直さなければならない。

しかしその訂正は、訂正されるべきではないものを、物語の核を守り抜く形で遂行される。「私」は自分の人生の作者になることはできない。それでも、その物語の主人公でい続けることはできる。その意味において、責任を引き受けることは、自分を肯定することでもある。

そして、そのように人生の主人公であるために、私たちは他者から助けてもらわなければならない。「私」は自分だけの力で主人公であり続けることができない。責任を引き受けるということは、決して、この世界で孤立して生きていくということを意味しない。むしろそれは、互いを許し合い、約束を交わし合い、そしてその傷つきやすさを気遣い合う、他者との関係性を前提にしなければ、決して成立しない。

それが、本書の結論である。

1　サン＝テグジュペリ『星の王子さま』内藤濯訳、岩波文庫、二〇一五年、五一頁。
2　同書、一五二頁。

著者略歴

戸谷洋志（とや・ひろし）
1988年東京都生まれ。立命館大学大学院先端総合学術研究科准教授。専門は哲学、倫理学。法政大学文学部哲学科を卒業し、2019年大阪大学大学院文学研究科博士後期課程修了。ハンス・ヨナスの研究で学位取得。
著書に『ハンス・ヨナスを読む』（堀之内出版）、『原子力の哲学』（集英社新書）、『ハンス・ヨナス未来への責任――やがて来たる子どもたちのための倫理学』（慶應義塾大学出版会）、『哲学のはじまり』（NHK 出版）、『恋愛の哲学』（晶文社）、『生きることは頼ること：「自己責任」から「弱い責任」へ』（講談社現代新書）など著書多数。
2015年「人類の存続への責任と『神の似姿』」で涙骨賞奨励賞受賞。同年「原子力をめぐる哲学」で暁烏敏賞を受賞。2022年『原子力の哲学』でエネルギーフォーラム賞を受賞。

責任と物語

2025年 1 月20日　第 1 刷発行
2025年 3 月20日　第 2 刷発行

著　者――戸谷洋志
発行者――小林公二
発行所――株式会社 春秋社
〒101-0021 東京都千代田区外神田 2-18-6
電話　03-3255-9611（営業）
　　　03-3255-9614（編集）
振替　00180-6-24861
https://www.shunjusha.co.jp/
印刷所――株式会社 太平印刷社
製本所――ナショナル製本 協同組合
装　画――進藤　陣
装　丁――野津明子

ISBN 978-4-393-33410-2
定価はカバー等に表示してあります